expresiones en matemáticas

Dra. Karen C. Fuson

Observa cómo cobra vida el caballito de mar en su mundo acuático a medida que descubres y resuelves retos matemáticos.

Descarga la aplicación *Math Worlds AR* disponible para dispositivos Android o iOs.

Grado K

Volumen 1

This material is based upon work supported by the
National Science Foundation
under Grant Numbers
ESI-9816320, REC-9806020, and RED-935373.

Any opinions, findings, and conclusions, or recommendations expressed in this material are those of the author and do not necessarily reflect the views of the National Science Foundation.

Printed in the U.S.A.

ISBN 978-1-328-51958-0

13 14 15 16 0607 28 27 26 25

4500909656 A B C D E F G

Unidad 1 Entender los números del 1 al 10

LA GRAN IDEA 1 - Contar y cardinalidad del 1 al 5

LA GRAN IDEA 2 - Sumar, restar y comparar hasta el 5

Unidad 1 Entender los números del 1 al 10 (continuación)

LA GRAN IDEA 3 - Mostrar los números del 1 al 10

LA GRAN IDEA 4 - Practicar los números del 1 al 10

Unidad 2 Grupos de 5 en números del 6 al 10

LA GRAN IDEA 1 - Usar grupos de 5

LA GRAN IDEA 2 - Problemas de suma y resta

Unidad 2 Grupos de 5 en números del 6 al 10 (continuación)

LA GRAN IDEA 3 - Practicar con números del 1 al 19, el patrón +

LA GRAN IDEA 4 - Números del 1 al 10, el patrón −

Unidad 3 | Números del 11 al 19 como decenas y unidades

LA GRAN IDEA 1 - Partes de 5 y 6

Unidad 3 | Números del 11 al 19 como decenas y unidades

(continuación)

LA GRAN IDEA 2 - Clasificación

LA GRAN IDEA 3 - Decenas en números del 11 al 19

Unidad 3 Números del 11 al 19 como decenas y unidades
(continuación)

LA GRAN IDEA 4 - Formar números del 11 al 19

Recursos del estudiante

Dear Family:

Your child is learning math in an innovative program that weaves abstract mathematical concepts with the everyday experiences of children. This helps children understand math better.

Your child will have homework. He or she needs a **Homework Helper**. The helper may be anyone—you, an older brother or sister (or other family member), a neighbor, or a friend. Make a specific time for homework and provide your child with a quiet place to work (for example, no TV). Encourage your child to talk about what is happening in math class. If your child is having problems with math, please contact me to see how you might help.

Thank you! You are vital to your child's learning.

Sincerely,
Your child's teacher

Please fill out the following information and return this form to the teacher.

My child ______________________ will have ______________________
(child's name) (Homework Helper's name)

as his or her Homework Helper. This person is my child's

______________________.
(relationship to child: father, mother, sibling, friend, etc.)

Estimada familia:

Su niño está aprendiendo matemáticas con un programa innovador que relaciona conceptos matemáticos abstractos con la experiencia diaria de los niños. Esto ayuda a los niños a entender mejor las matemáticas.

Su niño tendrá tarea y necesita a una persona que lo ayude. Esa persona puede ser usted, un hermano mayor (u otro familiar), un vecino o un amigo. Establezca una hora para la tarea y ofrezca a su niño un lugar tranquilo donde trabajar (por ejemplo un lugar sin TV). Anime a su niño a comentar lo que está aprendiendo en la clase de matemáticas. Si su niño tiene problemas con las matemáticas, por favor hable con el maestro para ver cómo usted puede ayudar.

Muchas gracias. Usted es imprescindible en el aprendizaje de su niño.

Atentamente,
El maestro de su niño

Por favor complete la siguiente información y devuelva este formulario al maestro.

La persona que ayudará a mi niño ______________________________ es
(nombre del niño)

______________________________. Esta persona es ______________________________
(nombre de la persona) (relación con el niño)

de mi niño.

arriba, encima	círculo
centavo	contar
signo de centavo (¢)	menos

El pájaro está **encima** del árbol.

Una moneda de un centavo vale
1 centavo o 1¢.

cara

reverso

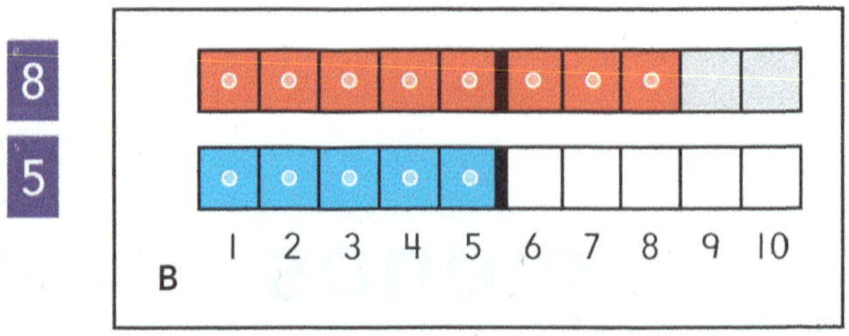

Hay **menos** fichas azules que rojas.

3¢

signo de
centavo

cinco	grupo
cuatro	cuántos
mayor	enfrente de

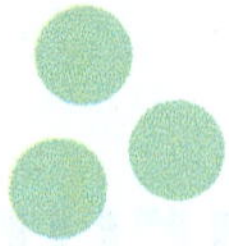

Este **grupo** tiene 3 círculos.

5 

¿Cuántos dedos hay? 5 dedos

4 

La niña está **enfrente de** la cerca.

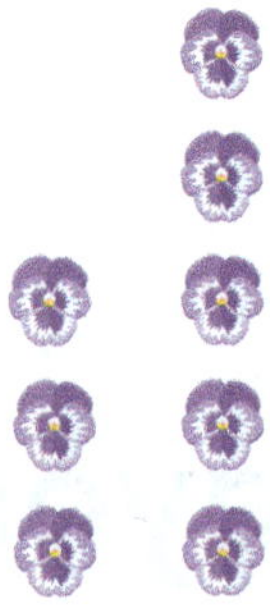

3 5

mayor

más grande

más

izquierda

uno

menor

orden

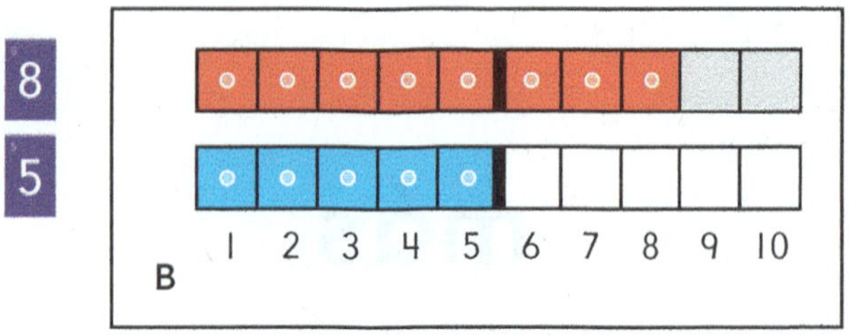

Hay **más** fichas rojas que azules.

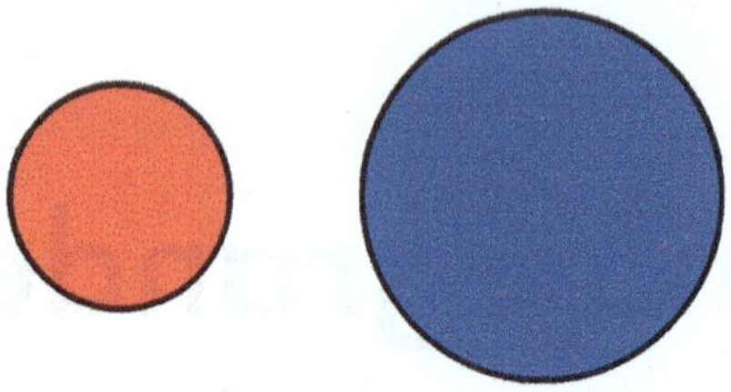

más grande

1 

El cuadrado amarillo
está a la **izquierda**.

1	2	3	4	5	6	7	8	9	10

Estos números están en **orden**.

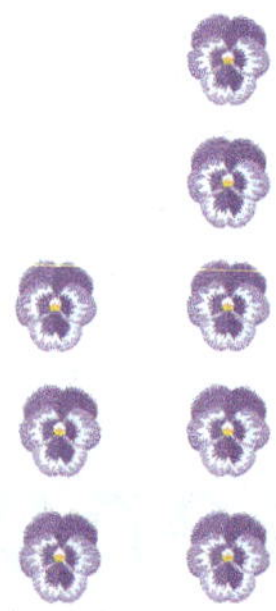

3 5

menor

patrón	derecha
moneda de 1¢	lado
rectángulo	más pequeño

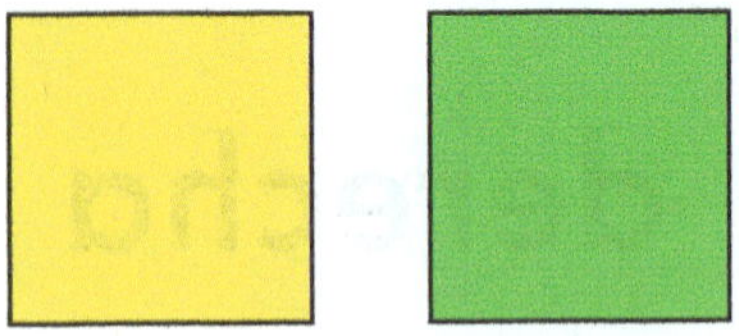

El cuadrado verde está a la **derecha**.

Los objetos están ordenados de una manera especial. Los patrones pueden repetirse, crecer o encogerse.

Ejemplos:

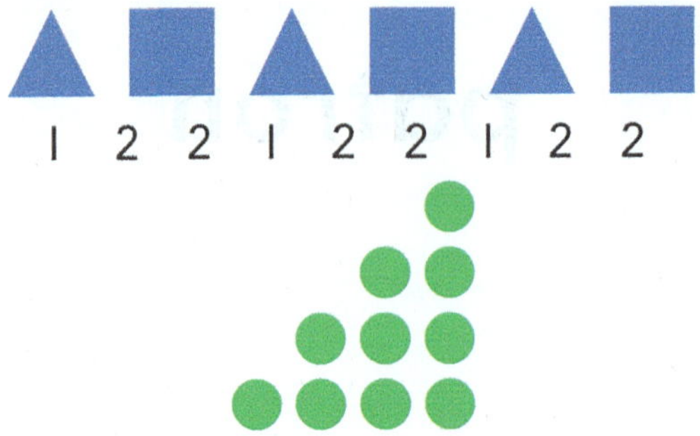

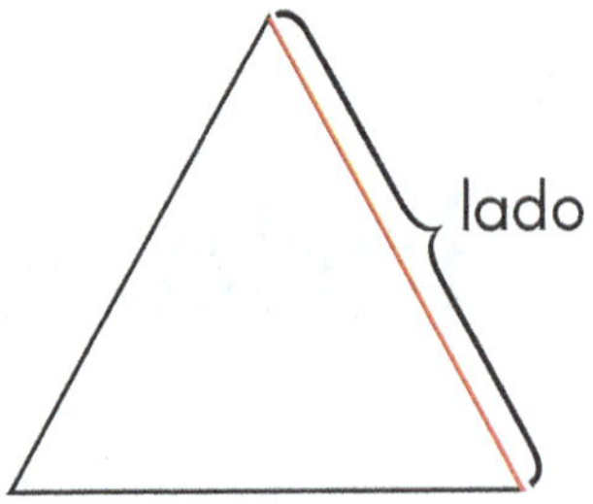

cara

reverso

1 centavo o 1¢

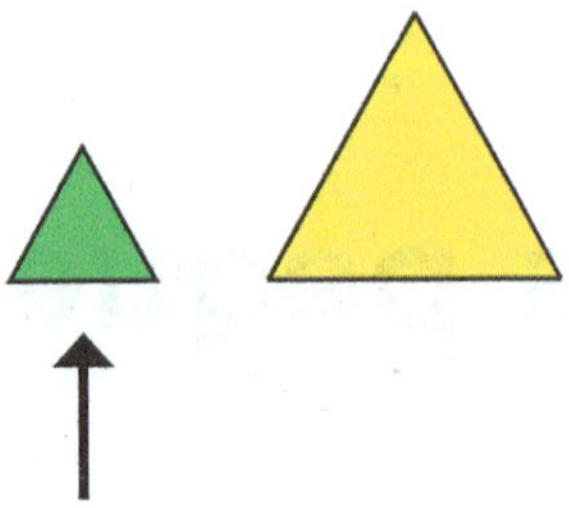

más pequeño

cuadrado	cero
tres	
dos	

0 

Hay **cero** manzanas en el plato.

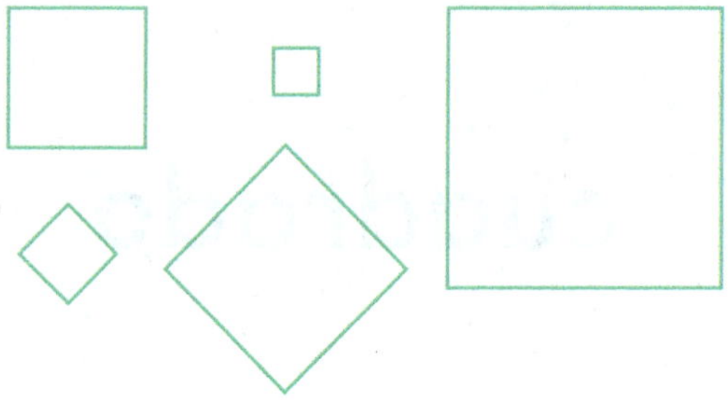

3 

2 

Nombre ____________________________________

Encierra en un círculo 1 establo.

Encierra en un círculo 2 gallinas.

Encierra en un círculo 3 vacas.

Encierra en un círculo 2 toboganes.

Encierra en un círculo 4 columpios.

Encierra en un círculo 5 niños.

Comprobar la comprensión

MAESTRO: Cuenten el número de aves y digan cuántas hay.

1	2	3	4	5	6
1	2	3	4	5	6

7	8	9	10
7	8	9	10

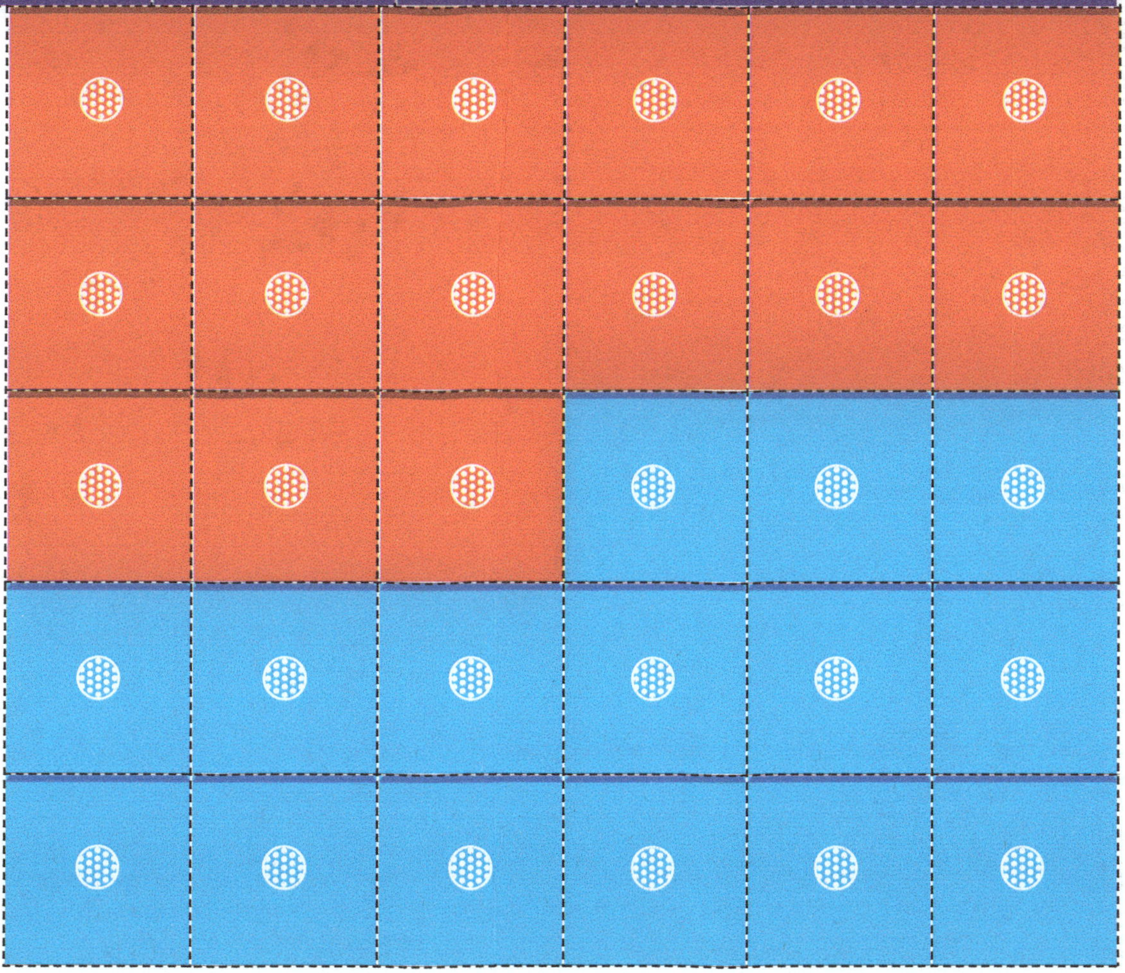

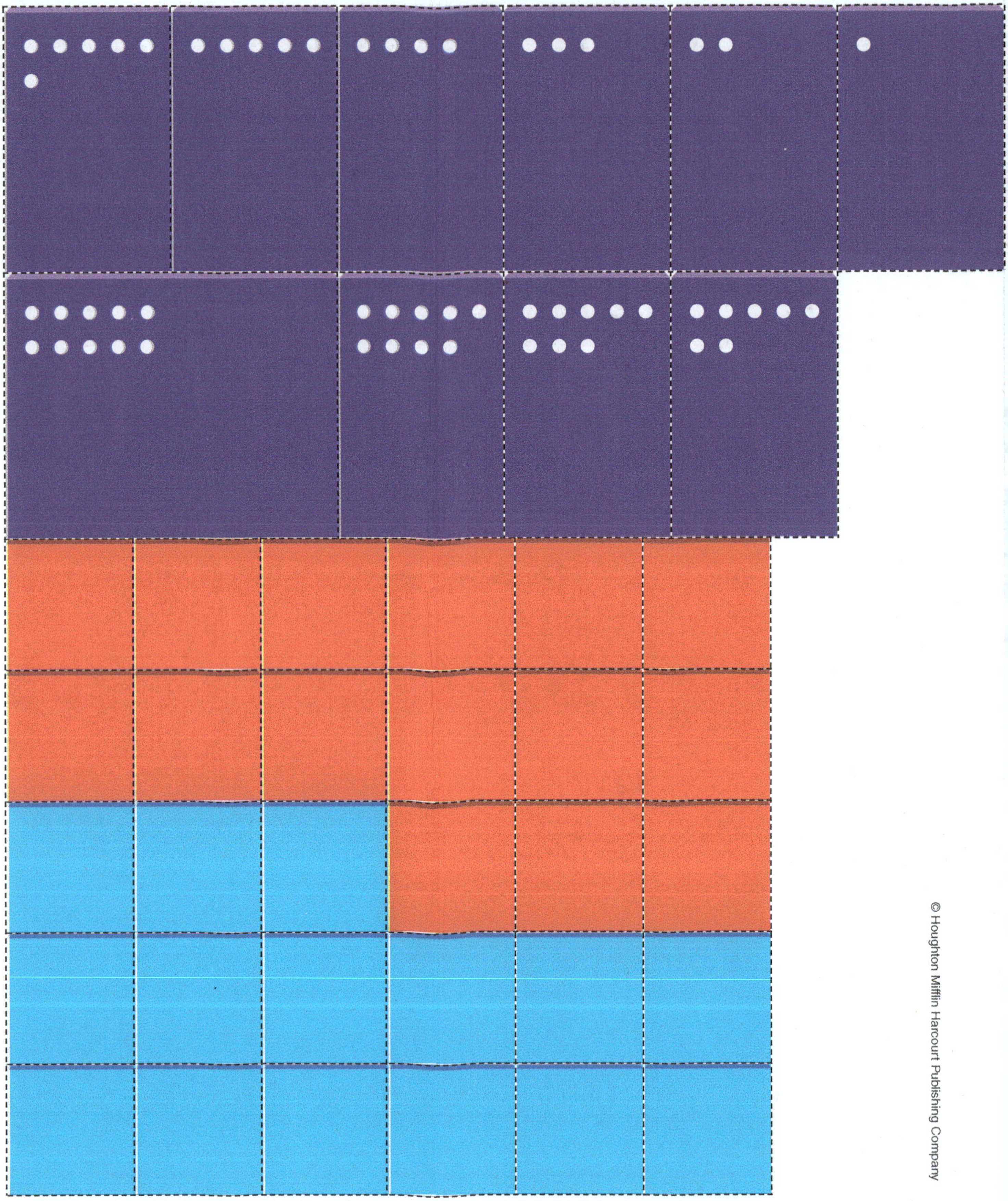

Nombre ____

Dibuja una línea. Empareja la Ficha con números con el mismo número de cuadrados.

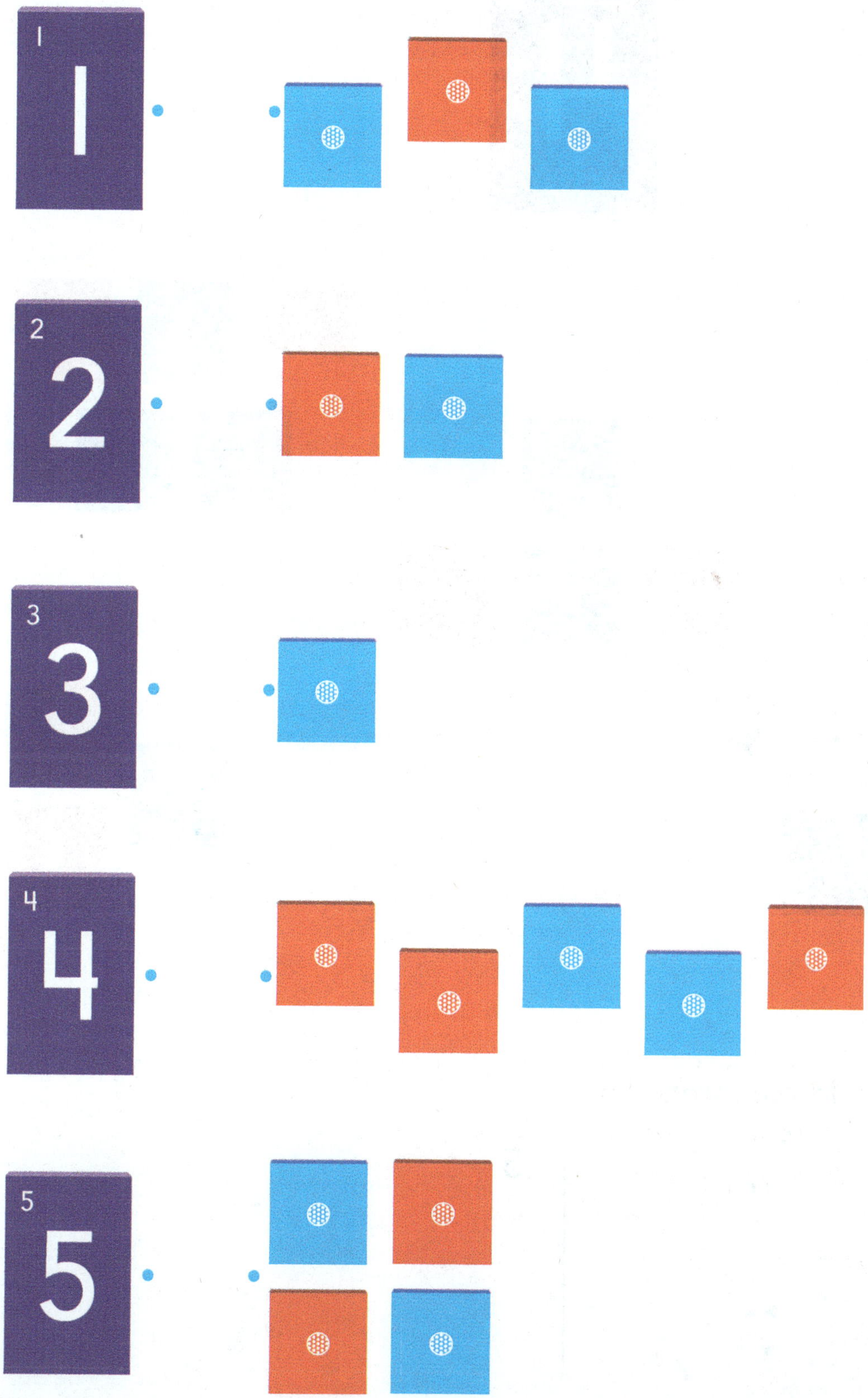

Encierra en un círculo los **grupos** de fichas que se emparejan con la Ficha con números.

VOCABULARIO
grupos

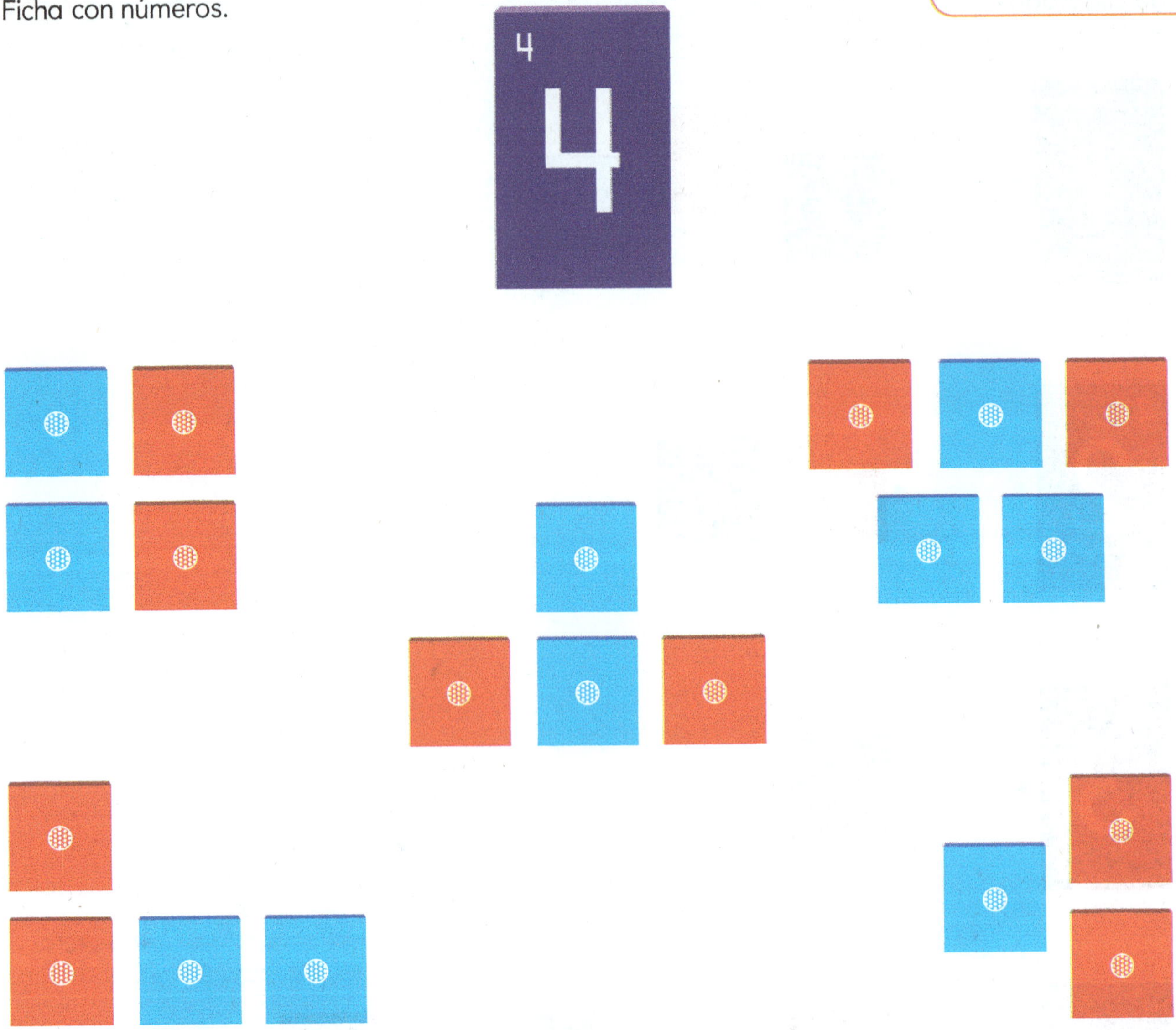

Comprobar la comprensión

MAESTRO: Dibujen libros para mostrar cada número.

3	5

Dear Family:

Your child has just read and discussed *Anno's Counting Book*. This book is an introduction to beginning numbers. It is filled with charming scenes that show many things all of the same number (for example, a scene showing many different groups of 3 things). Each page shows a month of the year.

We have discussed what a scene is in class. *A scene is a place where some action or event occurs, a picture*. The children will be making their own scenes or pictures. Sometimes this will be started in class and completed for homework. You can help by talking with your child about what he or she might draw, for example, your child might draw 2 of something, such as things found in a kitchen—2 plates, 2 bowls, 2 spoons.

Help your child practice counting things in daily life. Children might count how many stairs there are in your home, how many plates you need to set the table, or how many people are in the family.

Thank you for helping your child learn more about numbers and counting!

Sincerely,
Your child's teacher

Estimada familia:

Su niño acaba de leer y comentar un *Libro para contar*. Este libro es una introducción a los primeros números. Está lleno de escenas fascinantes que muestran muchas cosas, todas acerca de los mismos números (por ejemplo, una escena muestra varios grupos diferentes de 3 cosas). Cada página indica un mes del año.

Hemos comentado en clase lo que es una escena. *Una escena es un lugar donde ocurre una acción o un suceso, un dibujo.* Los niños van a hacer sus propias escenas o dibujos. A veces los empezarán en clase y los terminarán de tarea. Usted puede ayudar hablando con su niño sobre lo que puede dibujar. Por ejemplo: si va a dibujar 2 de algo, podría dibujar cosas que están en la cocina, 2 platos, 2 tazones, 2 cucharas.

Ayude a su niño a practicar contando cosas que usen a diario. Los niños pueden contar cuántas escaleras hay en su casa, cuántos platos se necesitan para poner la mesa o cuántas personas hay en la familia.

¡Gracias por ayudar a su niño a aprender más sobre los números y a contar!

Atentamente,
El maestro de su niño

Nombre ______________________________

Dibuja una escena con grupos de 2.

Dibuja una escena con grupos de 3.

Comprobar la comprensión

MAESTRO: Encierren en un círculo para mostrar cuántas figuras hay en cada grupo.

1 2 3

1 2 3

Nombre ___________________________

Halla grupos de 3.

Colorea los objetos que están en grupos de 3.

Halla grupos de 2.

Colorea los objetos que están en grupos de 2.

Comprobar la comprensión

MAESTRO: Coloquen 3 fichas de pulgada cuadrada en fila como se muestra. Ahora muevan las fichas para que el grupo se vea diferente. Hagan un dibujo para mostrar cómo se ve el grupo nuevo.

Nombre ________________________________

Dibuja una escena con grupos de 4.

Dibuja una escena con grupos de 5.

Comprobar la comprensión

MAESTRO: Dibujen 4 manzanas. Dibujen 4 naranjas. Cuenten las manzanas. Digan cuántas hay. Cuenten las naranjas. Digan cuántas hay.

4 manzanas	4 naranjas

Nombre ______________________________

Mira la imagen.
¿Cuántos gatos hay?

Mira lo que escribió el Pingüino Confundido.
Ayuda al Pingüino Confundido.

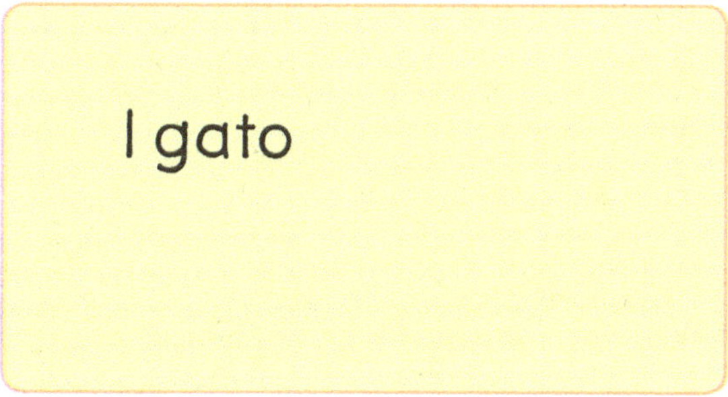

Cuenta los gatos.
Encierra en un círculo el número de gatos.

0 2

Cuenta los perros.
Encierra en un círculo el número de perros.

3 5

Dibuja 5 sombreros.	Dibuja 3 gatos.
Dibuja 4 estrellas.	Dibuja 2 carros.

Comprobar la comprensión

MAESTRO: Cuenten las pelotas. Encierren en un círculo el número.

3 4 5

Nombre ______________________

VOCABULARIO
cuántos

Coloca 1 cuadrado rojo.

Coloca 2 cuadrados azules.

Haz un dibujo para mostrar **cuántos** cuadrados hay en total.

Coloca 2 cuadrados rojos.

Coloca 2 cuadrados azules.

Haz un dibujo para mostrar cuántos cuadrados hay en total.

Coloca 5 cuadrados rojos.

Quita 2 cuadrados.

Haz un dibujo para mostrar cuántos cuadrados quedan.

Coloca 4 cuadrados rojos.

Quita 3 cuadrados.

Haz un dibujo para mostrar cuántos cuadrados hay en total.

Comprobar la comprensión

MAESTRO: Aplaudan para mostrar cuántos cuadrados rojos hay. Aplaudan para mostrar cuántos cuadrados azules hay. ¿Cuántos cuadrados hay en total?

Círculos

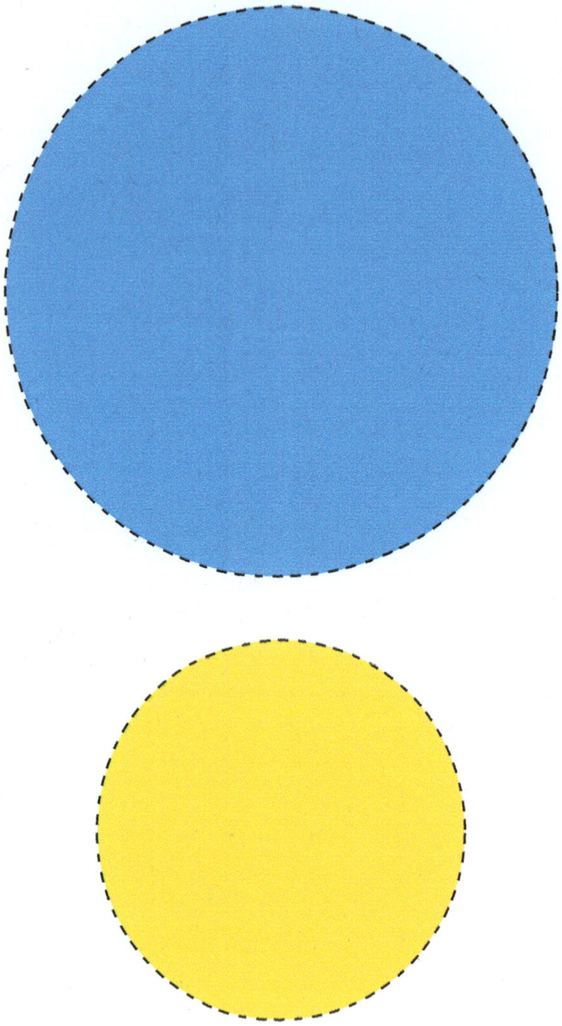

Nombre ______________________________

VOCABULARIO
círculo

Traza cada **círculo**.
Colorea los círculos.

VOCABULARIO
más grande
más pequeño

Mira el círculo rojo.

Dibuja 2 círculos que sean **más grandes**.

Dibuja 2 círculos que sean **más pequeños**.

Colorea los círculos de colores diferentes.

Comprobar la comprensión

MAESTRO: Elijan 2 de los círculos que dibujaron arriba. ¿En qué se parecen? ¿En qué son diferentes?

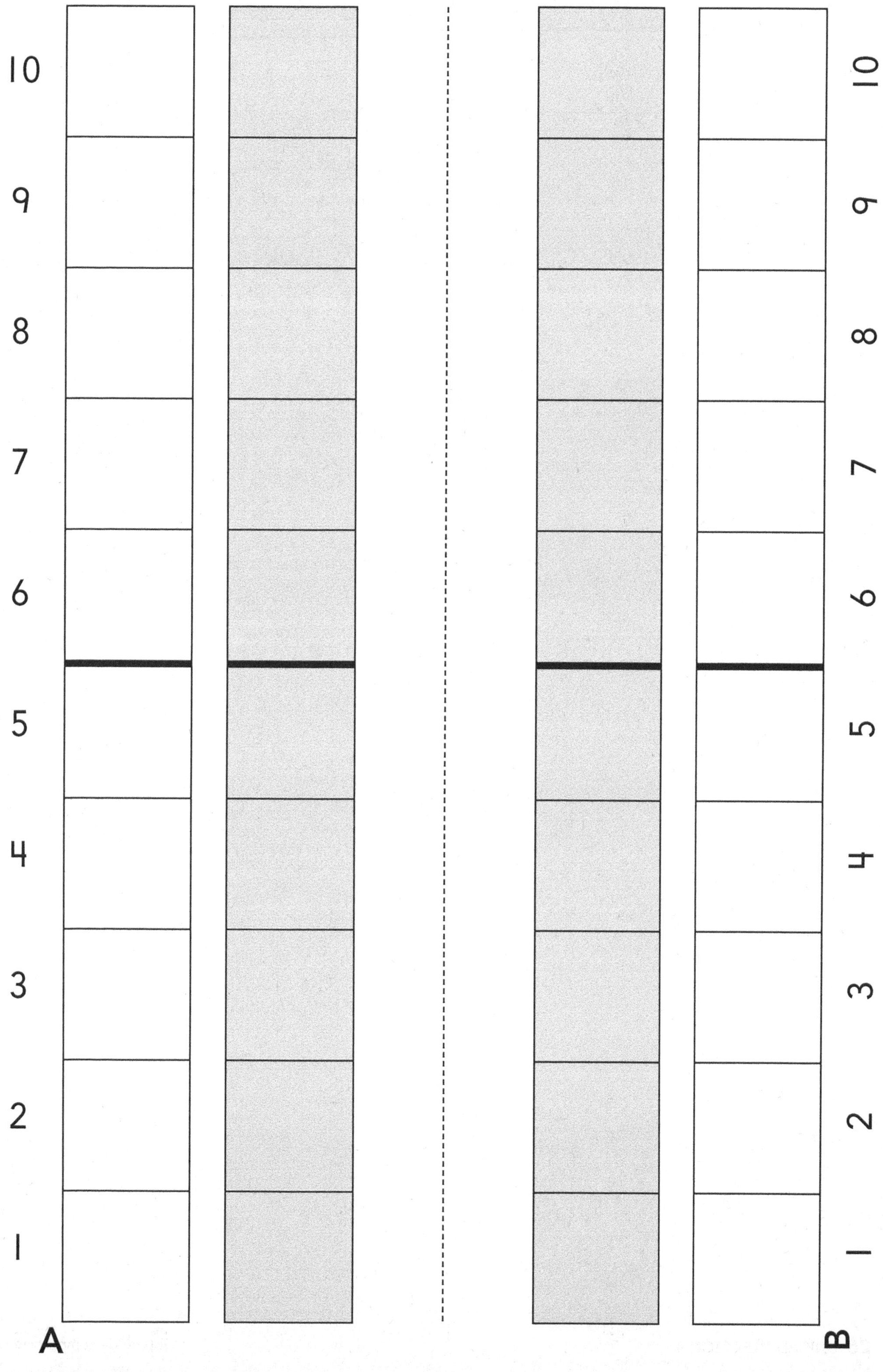
A
1 2 3 4 5 6 7 8 9 10
B
1 2 3 4 5 6 7 8 9 10

Nombre ______________________

VOCABULARIO
menor
mayor

Mira el tapete de comparación.

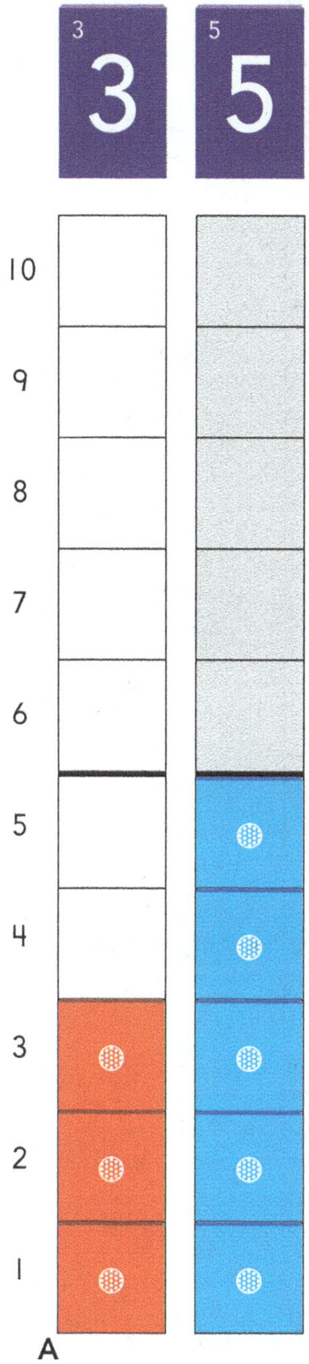

Encierra en un círculo el número que es **menor**.

3 5

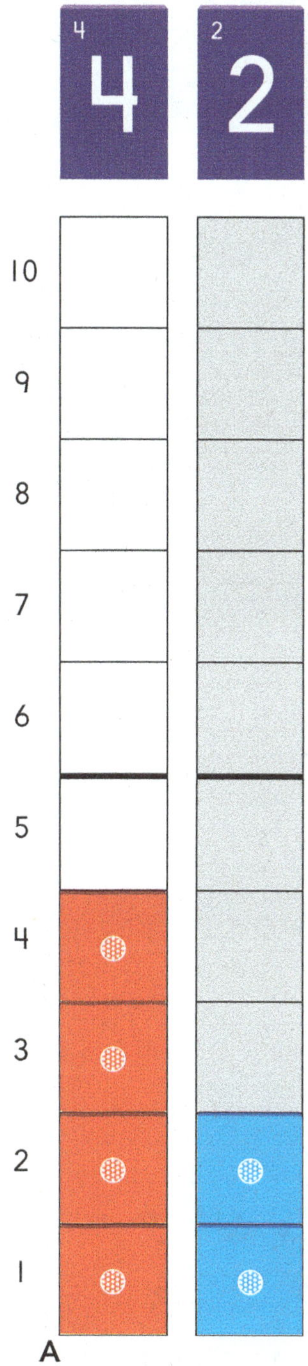

Encierra en un círculo el número que es **mayor**.

4 2

Colorea para mostrar cada número.

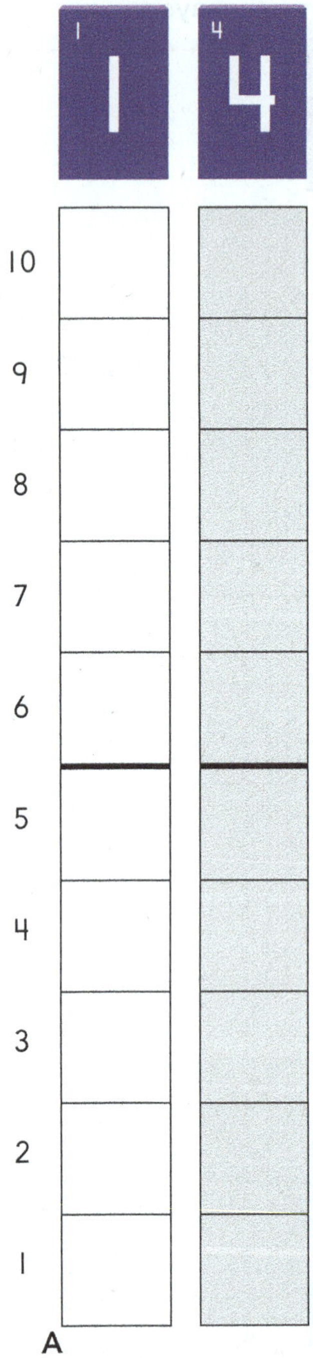

Encierra en un círculo el número que es mayor.

1 4

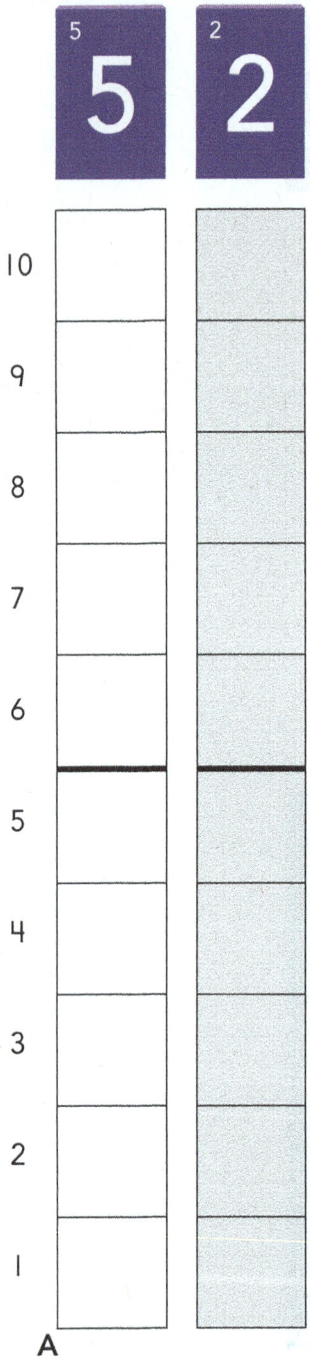

Encierra en un círculo el número que es menor.

5 2

Comprobar la comprensión

MAESTRO: Usen el Tapete de comparación B. Coloquen 3 fichas en la columna de arriba y 1 en la columna de abajo. Expliquen lo que muestra.

Cuadrados y rectángulos

Nombre ____________________

VOCABULARIO
cuadrado

Colorea de amarillo cada círculo. Colorea de azul cada **cuadrado**.
Dibuja una cara debajo de tu sombrero favorito.

VOCABULARIO
rectángulo

Colorea cada tipo de figura como se muestra.

círculo cuadrado **rectángulo**

Comprobar la comprensión

MAESTRO: Miren la figura verde. Encierren en un círculo el nombre de la figura.

círculo

cuadrado

rectángulo

Nombre ______________________________

VOCABULARIO
menos
más

Colorea para mostrar cada número. Encierra en un círculo la torre con **menos**.

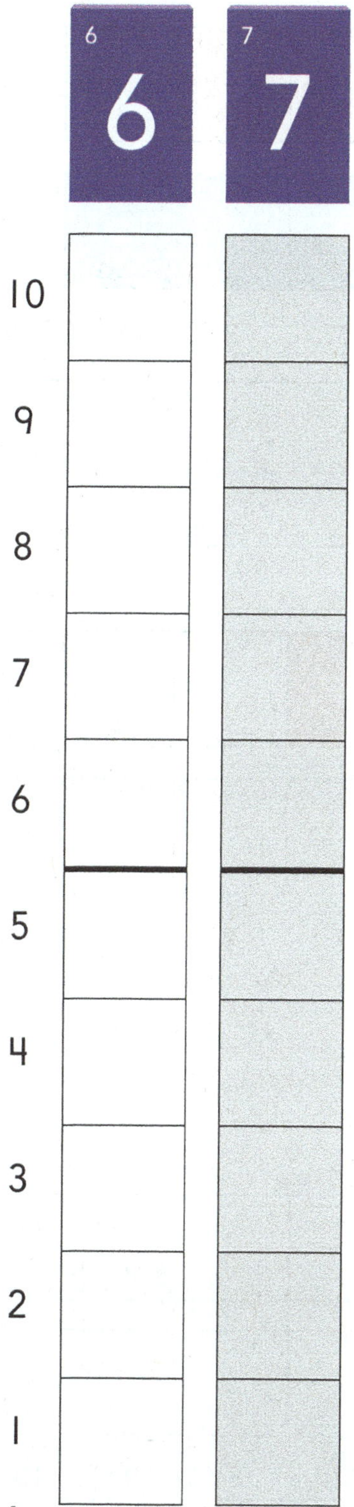

A

Colorea para mostrar cada número. Encierra en un círculo la torre con **más**.

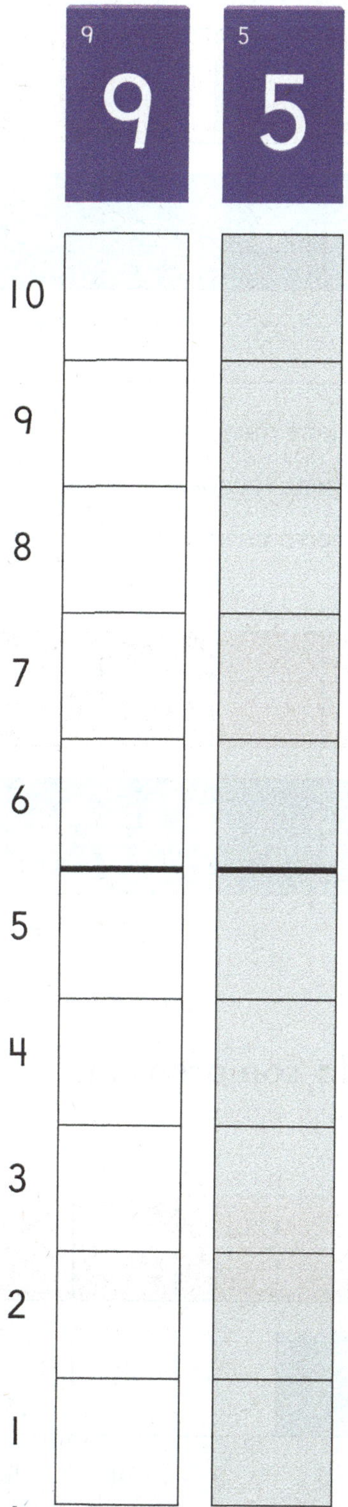

A

Salvador dice que la fila con 9 tiene más.

Juana dice que la fila con 8 tiene más.

¿Quién tiene la razón? Encierra en un círculo tu respuesta. Salvador Juana

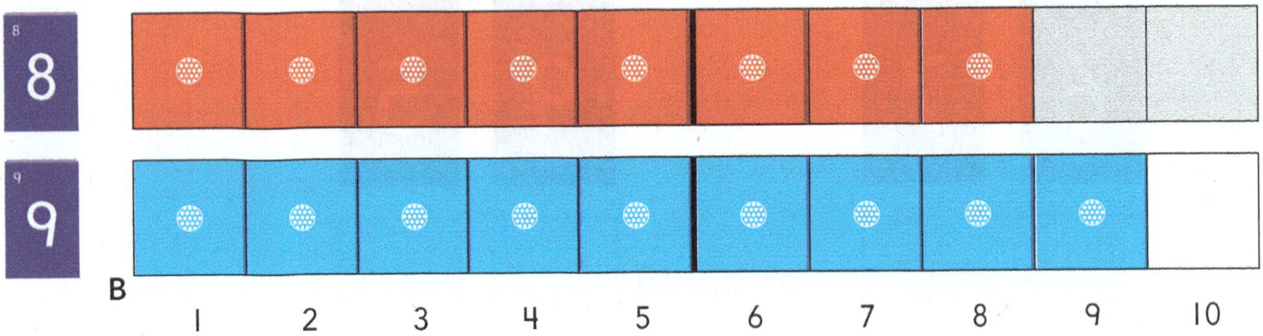

Ana dice que la fila con 7 tiene menos.

Julio dice que la fila con 5 tiene menos.

¿Quién tiene la razón? Encierra en un círculo tu respuesta. Ana Julio

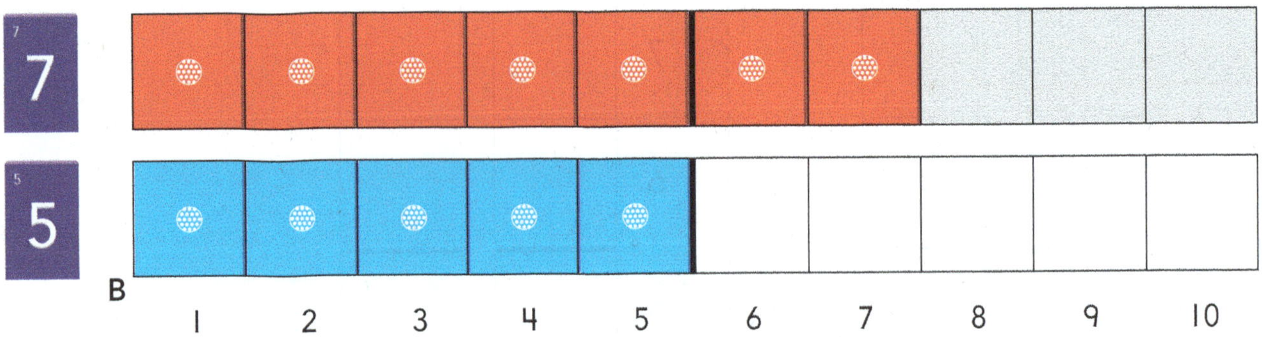

Comprobar la comprensión

MAESTRO: ¿Qué muestra esta imagen?

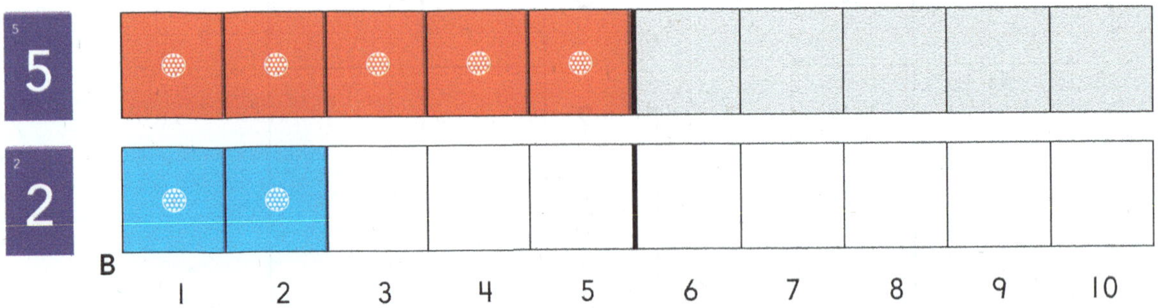

Dear Family:

Your child is learning to write numbers. Numbers will be written to identify how many objects are in a group and to order numbers. Your child will also write numbers to identify the value of a coin or a group of coins. You might notice that sometimes your child might write numbers backwards or reverse them. This is very common in early number writing. You can ask your child, "Does this number look OK?" Then point out that it is written backwards. Eventually our goal is that children may identify their own reversals, write correct numbers, and write faster in preparation for first grade.

In this unit, your child will also be introduced to patterns and how to analyze them. Patterns help build a solid foundation for mathematics. Point out patterns you come across throughout your everyday life. You may find patterns on fabric, on a ceiling, on a rug, on a display, or on a building.

Thank you!

Sincerely,
Your child's teacher

Estimada familia:

Su niño está aprendiendo a escribir los números. Los números se escribirán para identificar cuántos objetos hay en un grupo y para ordenar números. Su niño también escribirá números para identificar el valor de una moneda o un grupo de monedas. Usted observará que a veces su niño escribe los números al revés o que los invierte. Esto es normal al empezar a escribir los números. Puede preguntarle, "¿Está bien escrito este número?" Luego indíquele que está escrito al revés. Nuestro objetivo es que, más adelante, los niños se den cuenta de que han invertido los números, que los escriban correctamente y que escriban más rápido para prepararse para el primer grado.

En esta unidad, a su niño también se le presentarán patrones y cómo analizarlos. Los patrones ayudan a establecer una buena base para las matemáticas. Señale patrones que ven en su vida cotidiana. Pueden hallar patrones en tela, en un techo, en una alfombra, en una exhibición o en un edificio.

¡Gracias!

Atentamente,
El maestro de su niño

Nombre ______________________________

Escribe los números.

1 1 1

1

1 1 1

1

1

2 2 2

2

2 2 2

2

2

Escribe el número 3.

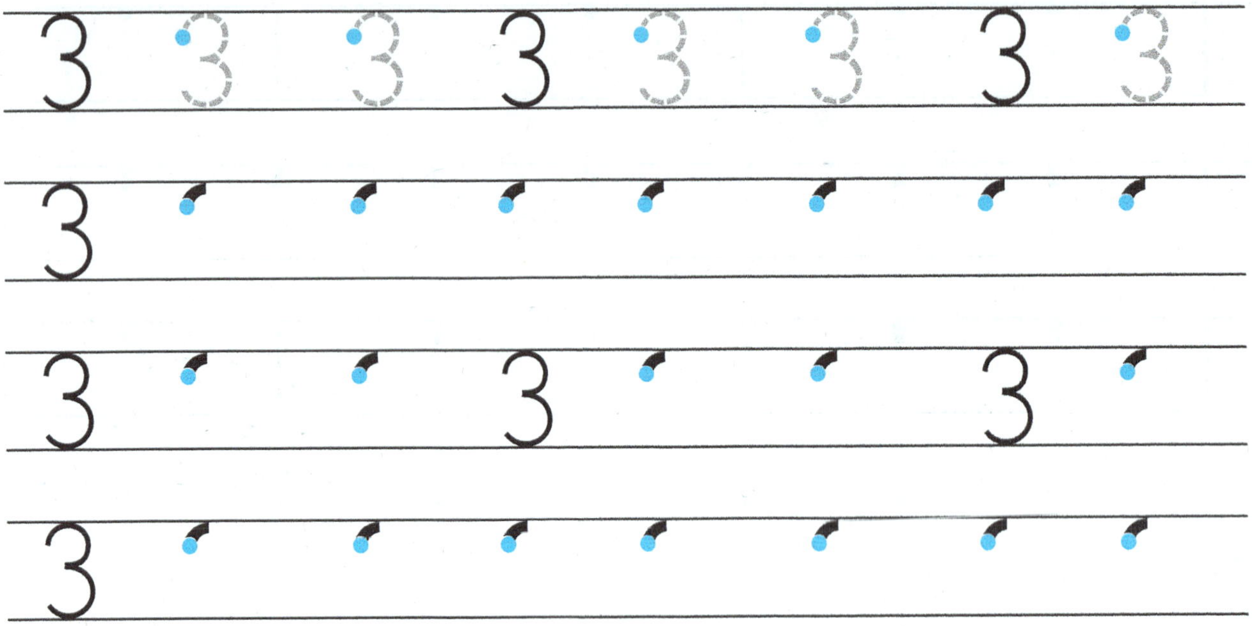

Dibuja 3 objetos.	Dibuja 3 círculos.

Comprobar la comprensión

MAESTRO: Sin contar las fichas, ¿cómo los ayuda el Tapete de comparación a saber qué grupo tiene más fichas que el otro?

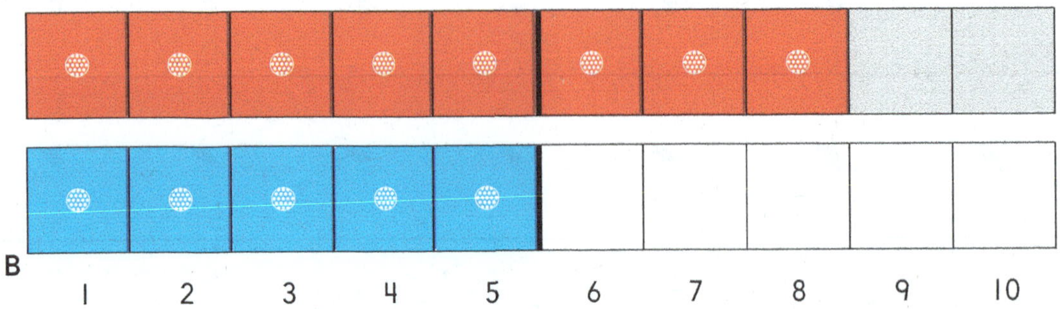

Nombre ______________________________

Ve de izquierda a derecha.

Encierra en un círculo grupos del número.

Marca una X sobre los grupos que no son el número.

3 

4 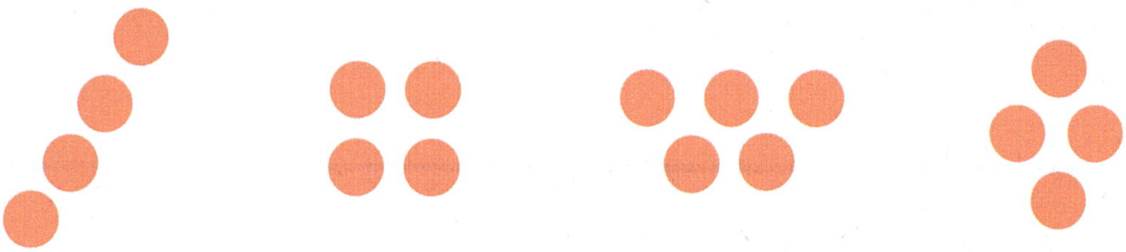

5 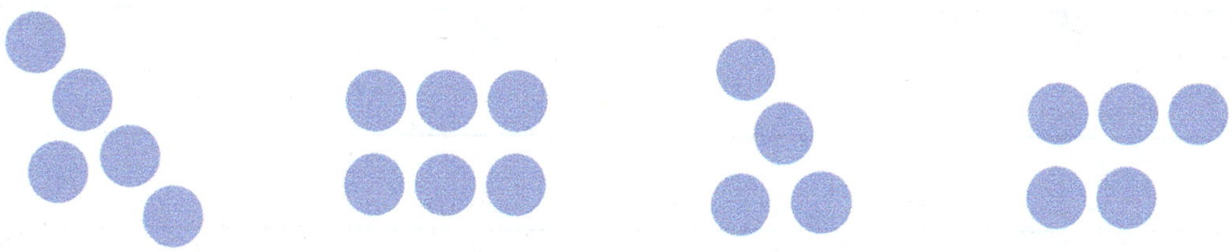

2 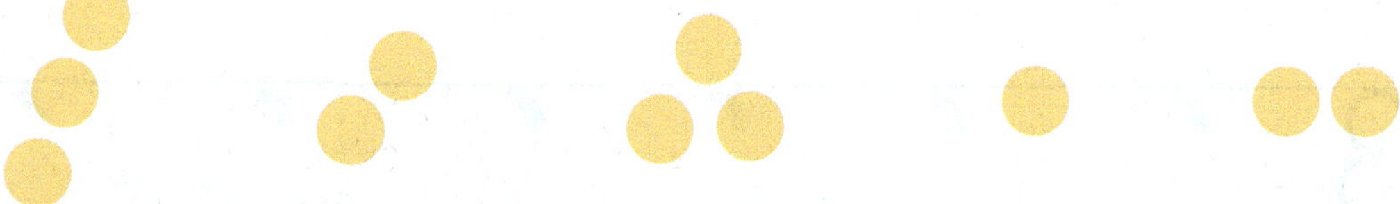

Dibuja 3 rectángulos.

Escribe el número 3.

3 3 3 3 3 3 3 3

3

3 3 3

3

3

Nombre ______________________________

Una **moneda de 1¢** vale 1 **centavo** o 1¢.
El **signo de centavo (¢)** muestra el número de centavos.

VOCABULARIO
moneda de 1¢
centavo
signo de centavo (¢)

Cuenta las monedas de 1¢.
Encierra en un círculo el número de centavos.

1¢
2¢
3¢

1¢
2¢
3¢

Cuenta las monedas de 1¢.
Escribe el número de centavos.

☐ ¢

☐ ¢

☐ ¢

Traza líneas para emparejar cada grupo de monedas de 1¢ con el número de centavos.

2¢

3¢

4¢

5¢

Comprobar la comprensión

MAESTRO: Dibujen 3 manzanas. Luego dibujen 3 manzanas de otra manera.

Nombre ____________________

Escribe el número 4.

4 4 4 4 4 4 4 4

4

4 4 4

4

4

Dibuja 4 objetos.	Dibuja 4 rectángulos.

Traza el número 4. Colorea cada grupo de 4 de un color distinto.
Marca una X sobre los objetos que no están en un grupo de 4.

Nombre ______________________________

Cuenta una historia de sumar.

	Primero	Luego	Al final

1

2

Cuenta una historia de restar.

	Primero	Luego	Al final

3

4

Cuenta historias matemáticas acerca de las imágenes.

5 

6 

7 

8 

Comprobar la comprensión

MAESTRO: Hagan un dibujo de 3 pelotas rojas y 1 pelota verde. Cuenten una historia.

Nombre ______________________________

El Pingüino Confundido comparó números.

El Pingüino Confundido mostró los números.

Luego, el Pingüino Confundido encerró en un círculo el número que es mayor. Ayuda al Pingüino Confundido.

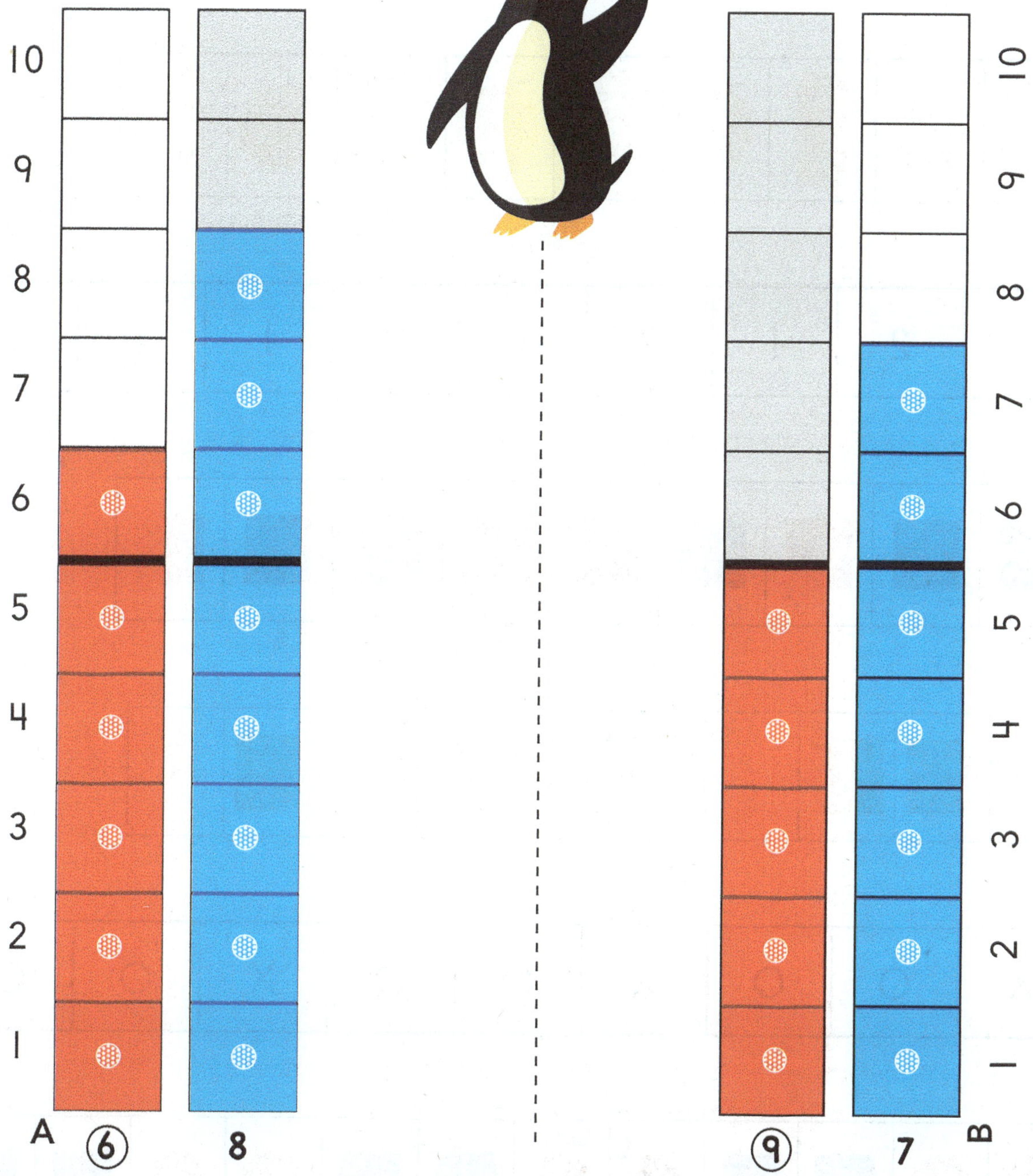

VOCABULARIO
patrón

Encierra en un círculo la parte del **patrón** que se repite.

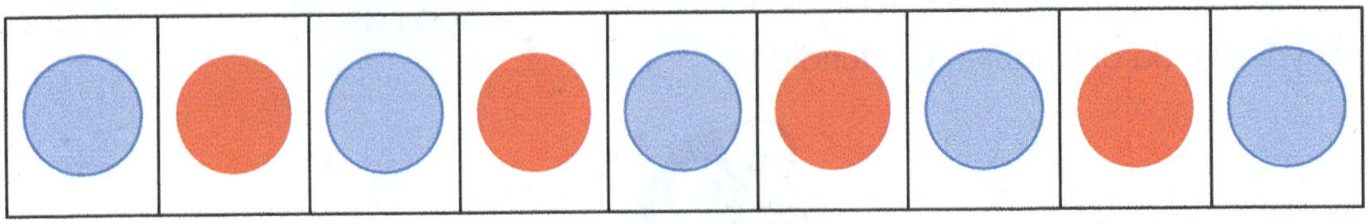

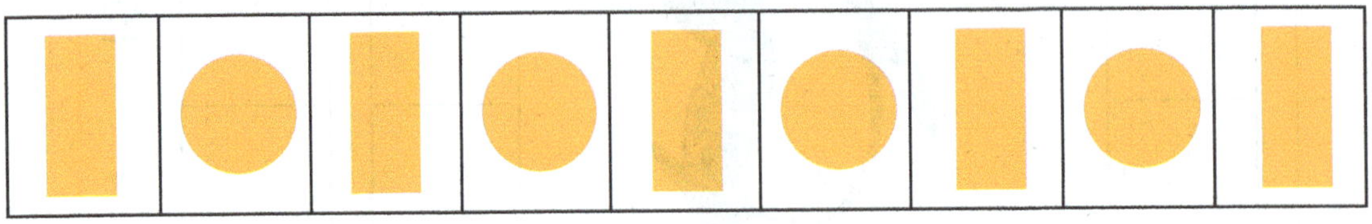

1	2	1	2	1	2	1	2	1

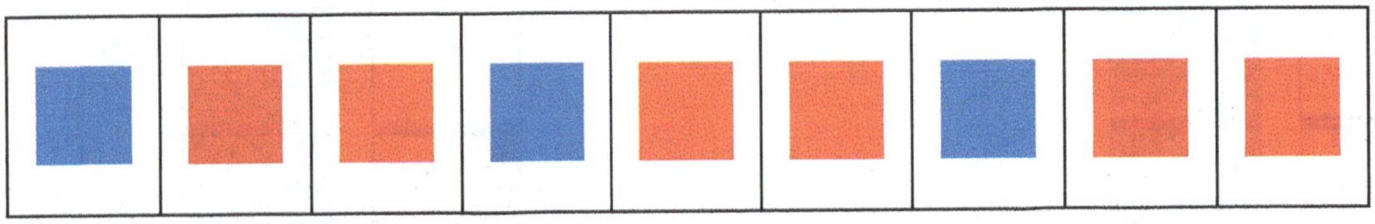

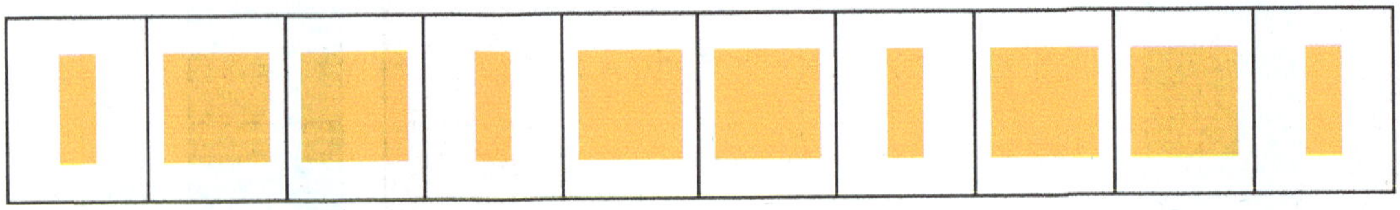

X	O	O	X	O	O	X	O	O

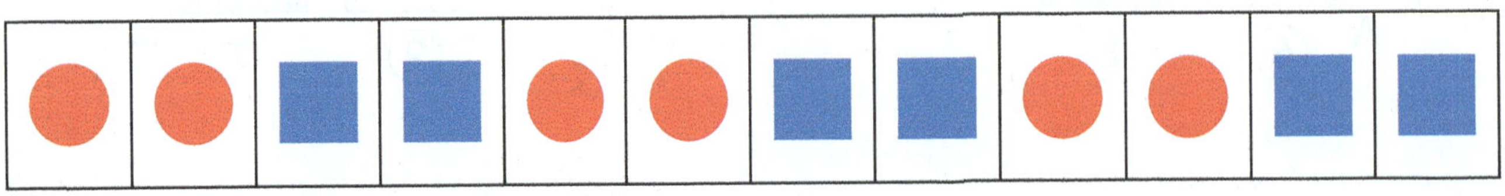

Nombre ______________________________

Dibuja para continuar el patrón.

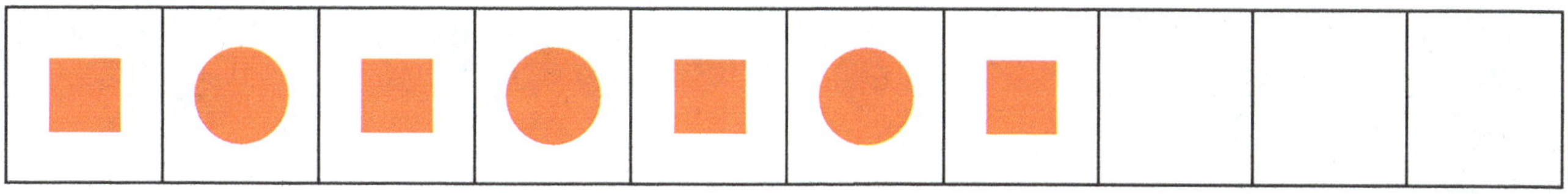

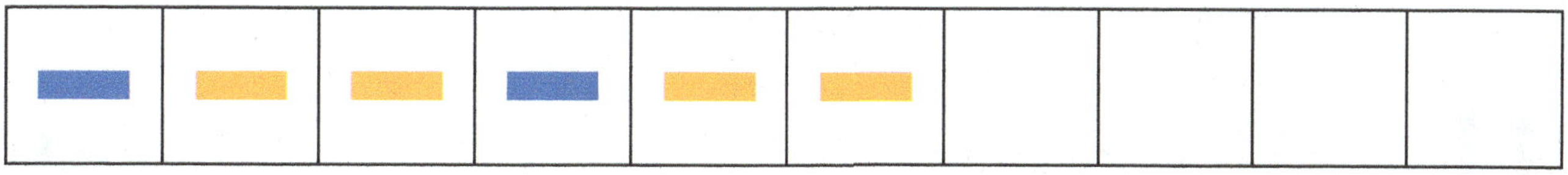

X	X	O	X	X	O	X			

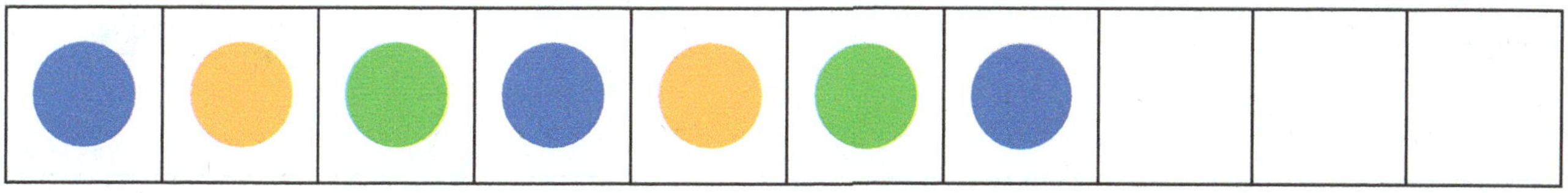

1	2	2	1	2	2	1			

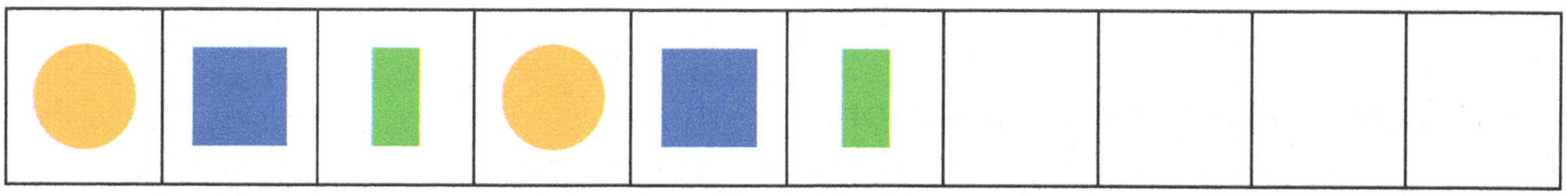

Ve de izquierda a derecha. Encierra en un círculo grupos del número. Marca una X sobre los grupos que no son el número.

3 

4 

5 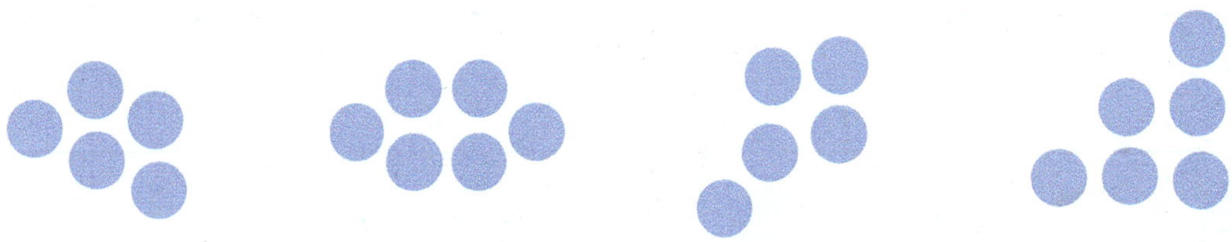

2 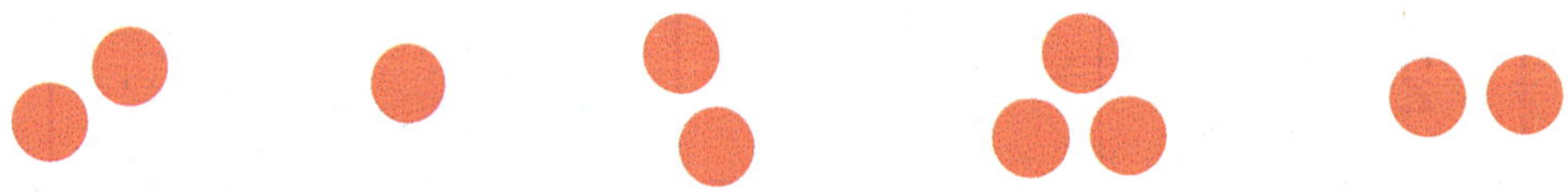

Comprobar la comprensión

MAESTRO: Sin contar cada punto, ¿cuántos puntos ven? ¿Cómo lo saben?

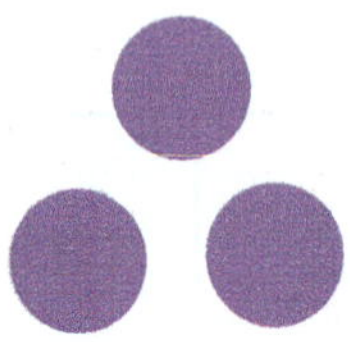

Nombre ______________________________

Escribe el número 5.

5 5 5 5 5 5 5 5

5

5 5 5

5

5

Dibuja 5 objetos.	Dibuja 5 cuadrados.

Dibuja para completar el patrón.

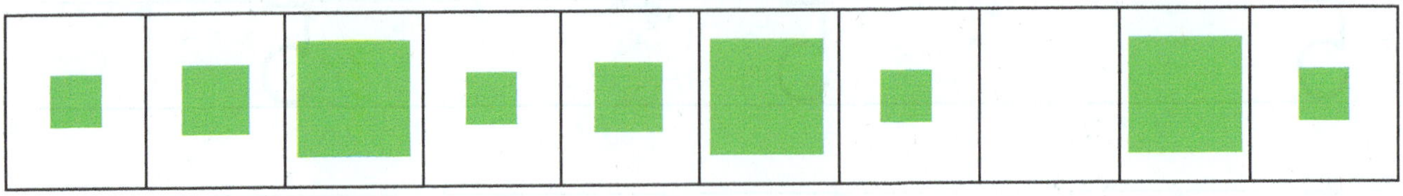

1	2	2	1	2	2		2	2	1

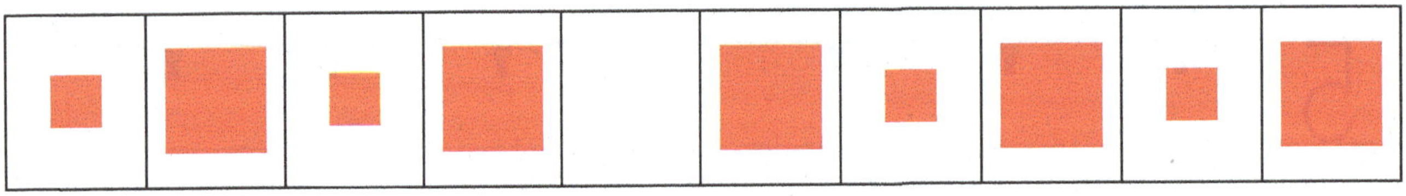

	O	O	X	O	O	X	O	O	X

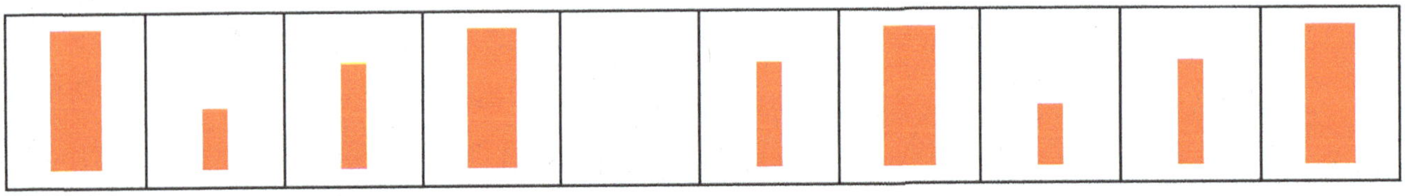

1		3	1	2	3	1	2	3	1

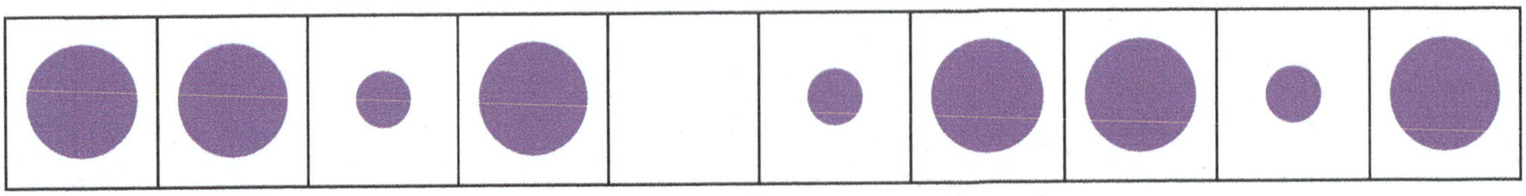

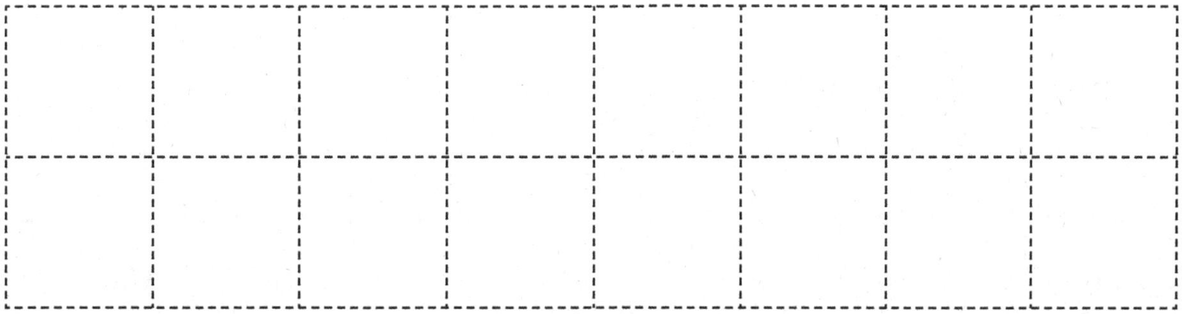

Nombre ______________________________

Dibuja dos patrones AB diferentes.
Usa números para uno y figuras para el otro.

A	B	A	B	A	B	A	B	A	B

Dibuja dos patrones ABB diferentes.
Usa números para uno y figuras para el otro.

A	B	B	A	B	B	A	B	B	A

Dibuja dos patrones ABC diferentes.
Usa números para uno y figuras para el otro.

A	B	C	A	B	C	A	B	C	A

Cuenta los animales. Encierra en un círculo el número. Luego colorea cada grupo de un color diferente.

2 3 4 5

2 3 4 5

2 3 4 5

2 3 4 5

Escribe el número 0.

0 0 0 0 0 0 0 0

0

Comprobar la comprensión

MAESTRO: Dibujen un grupo de 4 puntos. Dibujen otro grupo con menos puntos.

Nombre ______________________

VOCABULARIO
orden

Conecta los puntos en **orden**.

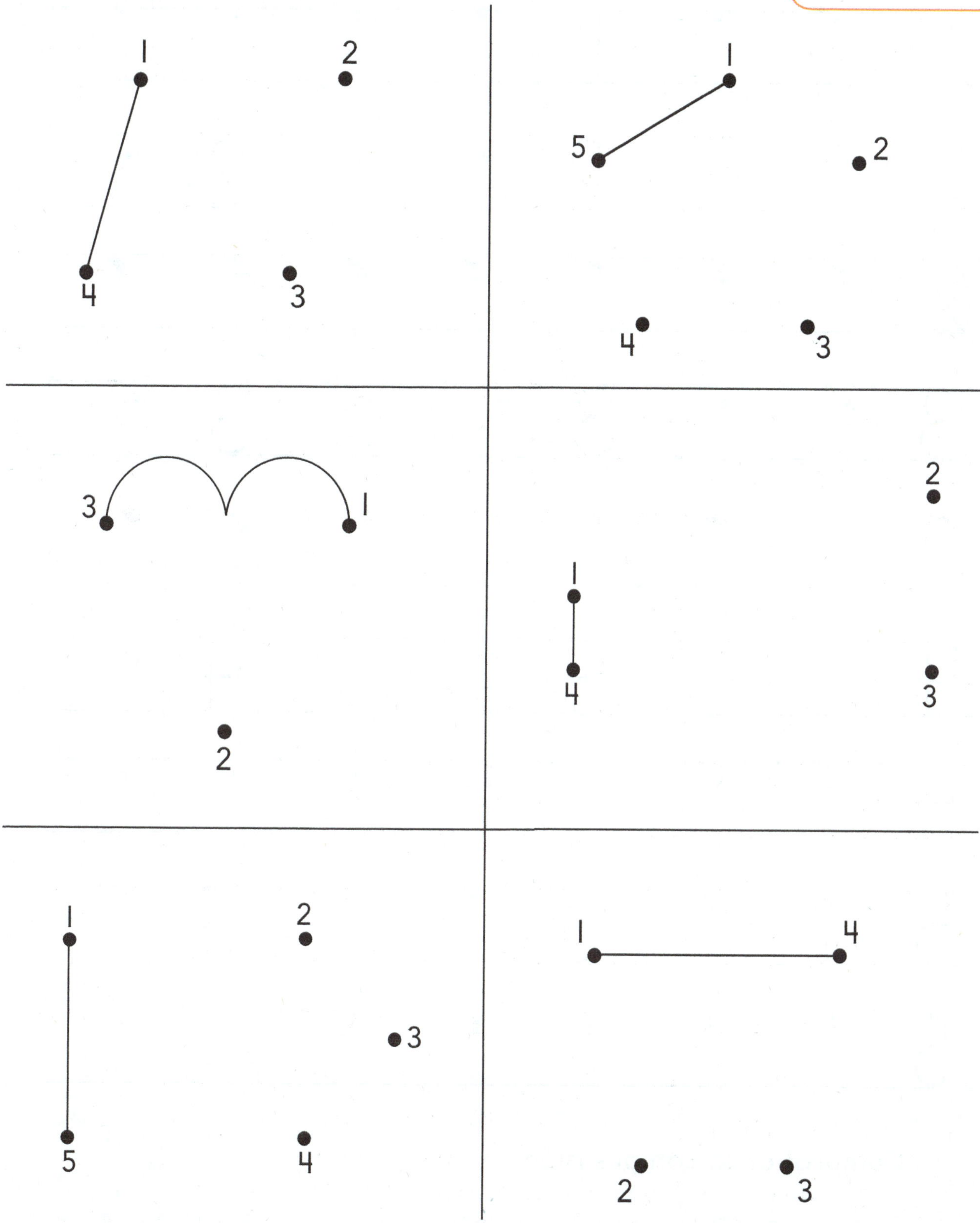

Escribe los números.

1 1 1 1 1

2 2 2 2 2 2 2 2

2

3 3 3 3 3 3 3 3

3

4 4 4 4 4 4 4 4

4

5 5 5 5 5 5 5 5

5

Comprobar la comprensión

MAESTRO: ¿Qué número viene después? Escriban el número en la caja.

1, 2, 3, ☐

Nombre ____________________

VOCABULARIO
lados

Colorea de azul figuras con 0 **lados** rectos.
Colorea de rojo las figuras con 4 lados.

Dibuja más figuras con 0 lados rectos.
Dibuja más figuras con 4 lados.

Repaso/Prueba de la Unidad 1

Nombre ____________________ Fecha ______________

Encierra en un círculo grupos del número. Marca una X sobre los grupos que no son el número.

1

4

2

2

3 Dibuja 3 árboles.

4 Dibuja 5 flores.

Nombre ______________________ Fecha ______________

5 Cuenta las monedas de 1¢.
Escribe el número de centavos.

☐ ¢

6 Dibuja una línea debajo de cada rectángulo.

7 Conecta los puntos en orden.

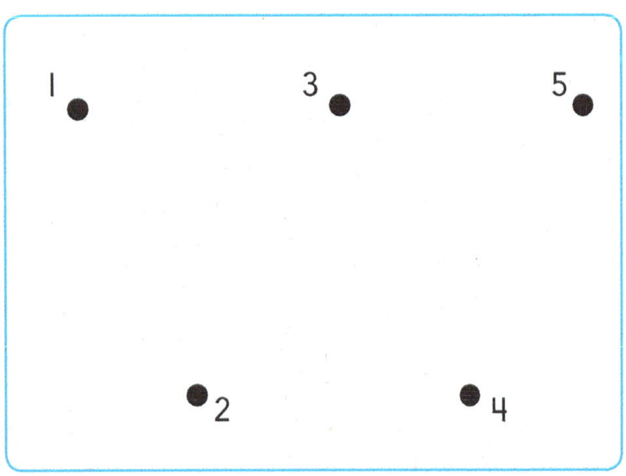

8

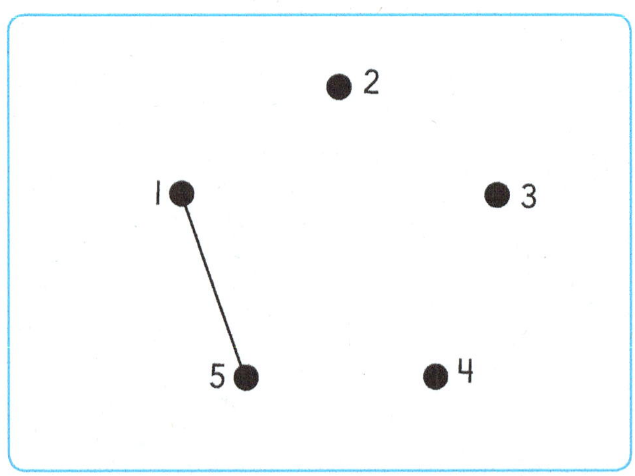

Nombre ______________________ Fecha ______________

9 Escribe los números.

1

2

3

4

5

10 ¿Se empareja la imagen con el número? Elige Sí o No.

3

○ Sí ○ No

Nombre ______________________ Fecha ______________

11 Usa figuras para dibujar un patrón que se repite.
Encierra en un círculo la parte del patrón que se repite.
¿Cuántos de cada figura dibujaste?

A	B	B	A	B	B	A	B	B	A

☐ figuras

Tarea de rendimiento de la Unidad 1

Nombre

Tren de números

Parte A

Nombre ______________________

Parte B

Dear Family:

Children are learning to see numbers 6, 7, 8, 9, and 10 as having a 5 and some more. This is called using a 5-group. This visual pattern will help children add, subtract, and understand numbers. It will also help later in multidigit calculation.

Count things at home in 5-groups to help your child see the 5 in 6, 7, 8, 9, and 10. For example, 7 buttons can be counted using 5-groups: "5 and 2 make 7."

Children will see 5-groups in materials they are using in school:

Number Parade

Square-Inch Tiles

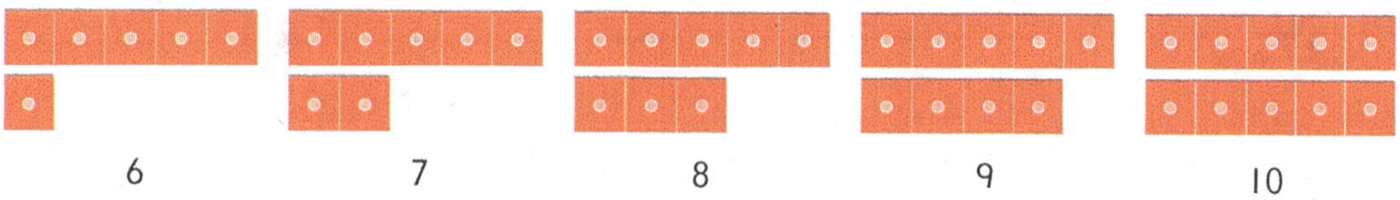

Counters and 5-Counter Strips

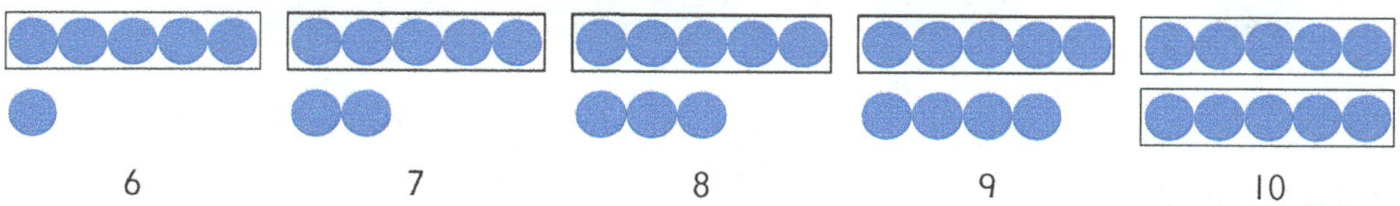

Thank you!

Sincerely,
Your child's teacher

Estimada familia:

Los niños están aprendiendo a ver que los números 6, 7, 8, 9 y 10 contienen el 5 y algo más. Esto se llama usar un grupo de 5. Este patrón visual los ayudará a sumar, a restar y a entender los números. Más adelante también les servirá para los cálculos con números de más de un dígito.

Cuenten cosas en casa haciendo grupos de 5 para que el niño identifique el 5 en el 6, 7, 8 , 9 y 10. Por ejemplo, pueden contar 7 botones haciendo un grupo de 5: "5 más 2 son 7".

Los niños identificarán grupos de 5 en los materiales que usan en la escuela:

Desfile de números

Azulejos de una pulgada cuadrada

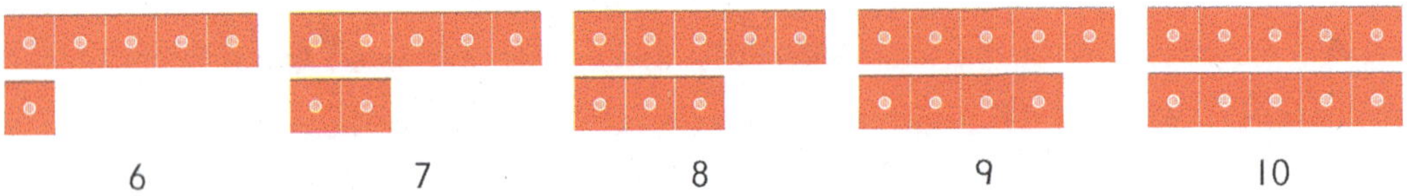

Fichas y tiras de 5 fichas

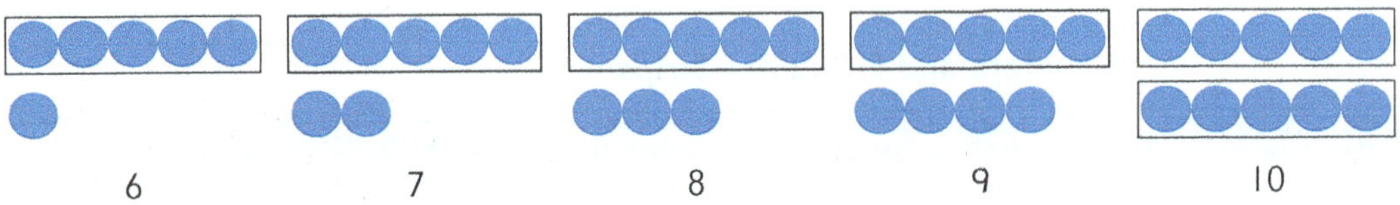

¡Muchas gracias!

Atentamente,
El maestro de su niño

ocho	moneda de 5¢
hexágono	nueve
menos (–)	más (+)

cara reverso

5 centavos o 5¢

8 

9 

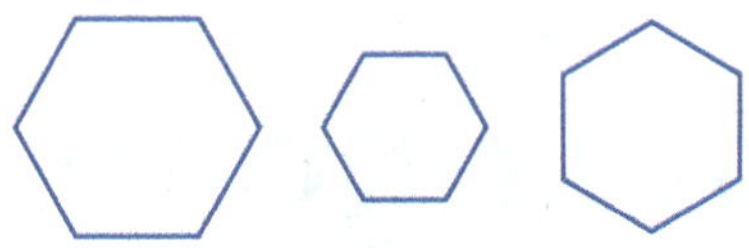

3 + 2 = 5

3 **más** 2 es igual a 5.

8 − 3 = 5

8 **menos** 3 es igual a 5.

siete	diez
seis	triángulo
líneas rectas	

10 

7 

6 

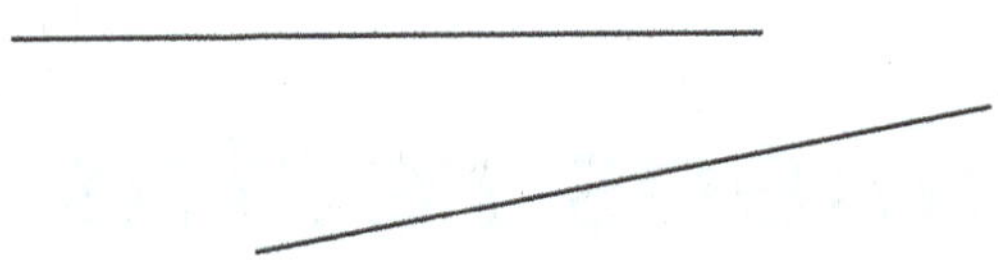

Las **líneas rectas** no forman curvas.

Nombre ______________________________

Encuentra y colorea grupos del 1 al 10.

Ayuda al Pingüino Confundido.

¿Escribió el Pingüino Confundido los números del 1 al 5 en el orden correcto?

1	2	4	3	5

Escribe los número del 1 al 5 en orden.

Escribe los números del 0 al 5 en orden.

Comprobar la comprensión

MAESTRO: Expliquen cómo pueden hallar el número de mariposas. Luego, digan cuántas hay.

Cortar por las líneas punteadas.
No cortar las líneas sólidas.

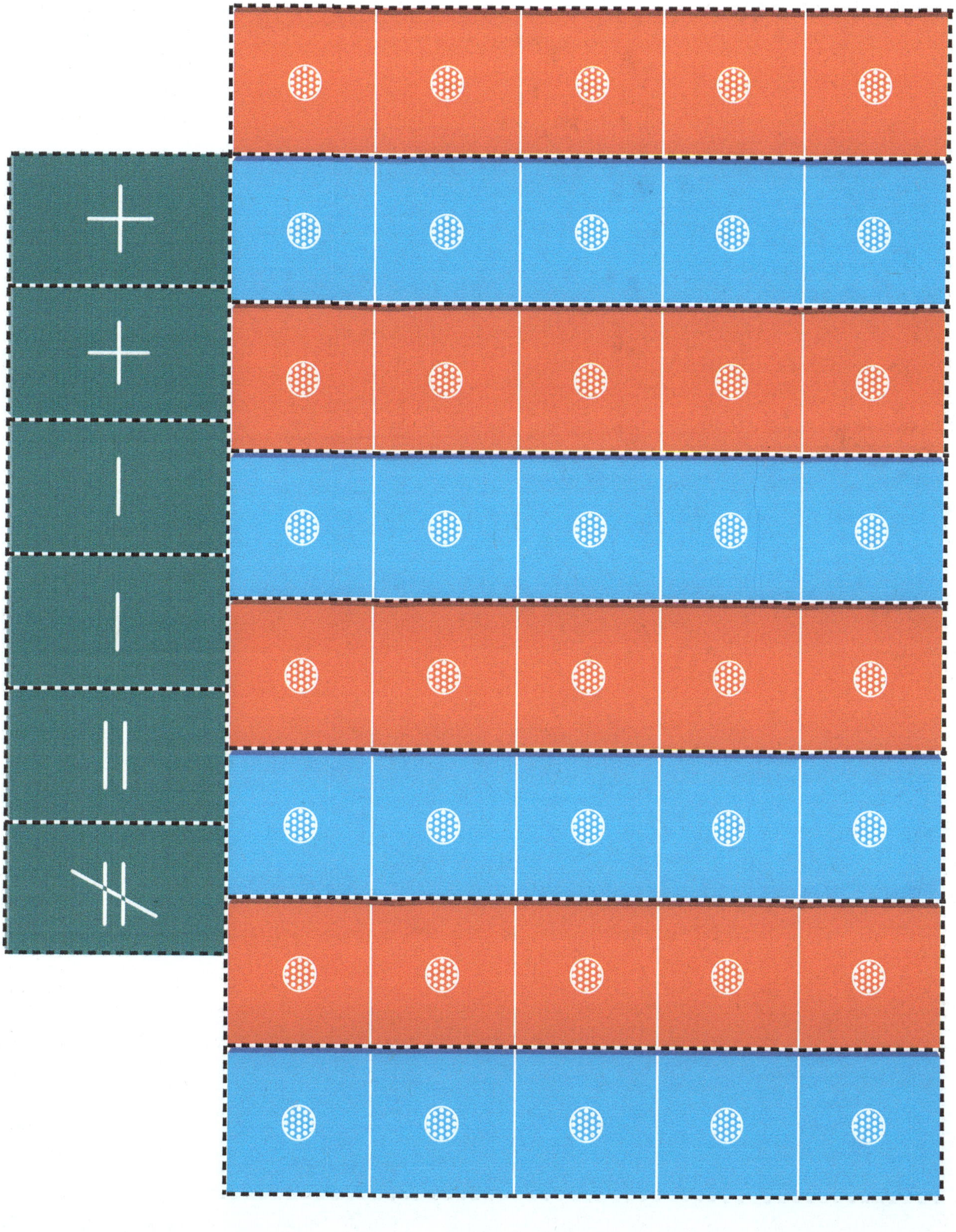

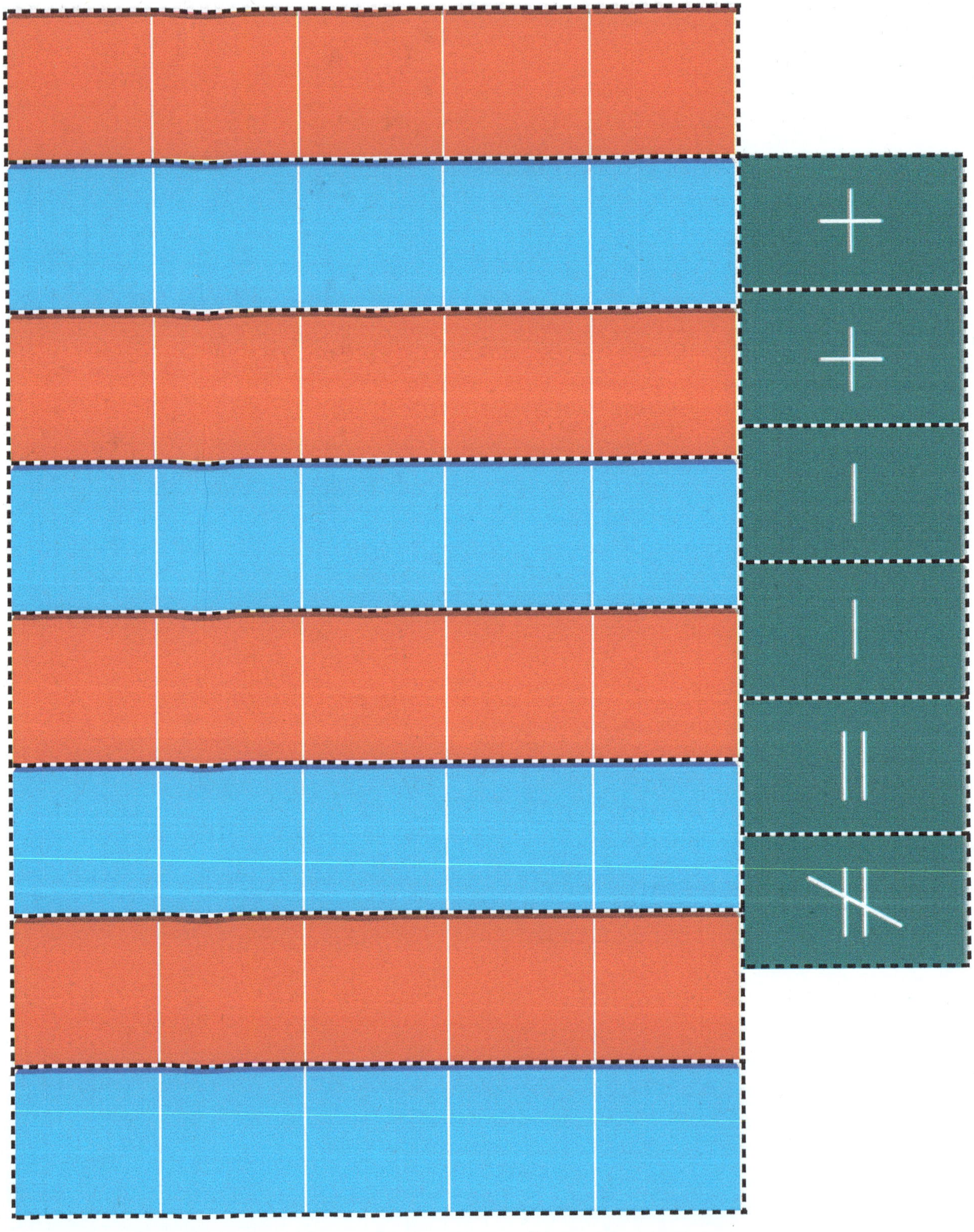

Nombre ____________________

Usa un grupo de 5. Escribe el número.

1

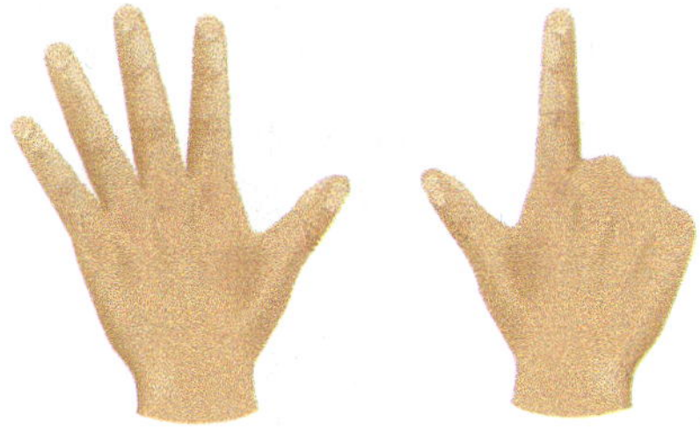

5 + ☐

2

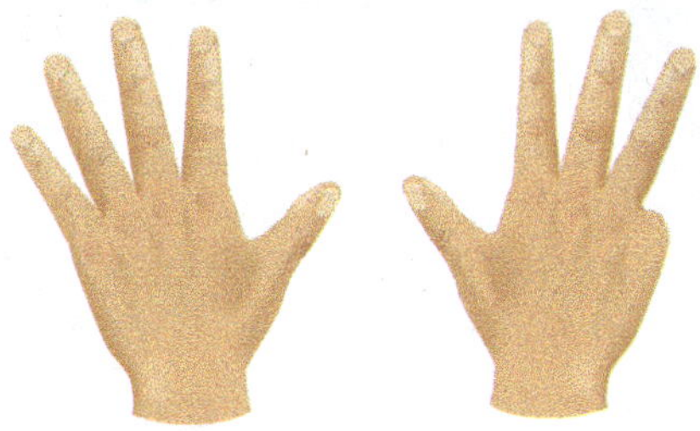

5 + ☐

3

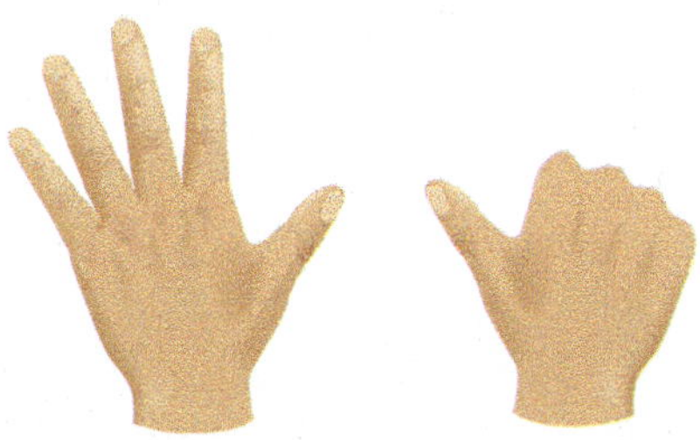

5 + ☐

Usa un grupo de 5. Escribe el número.

4

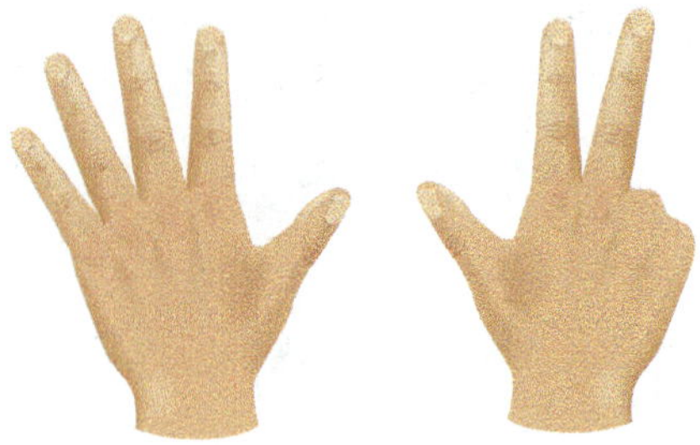

5 + ☐

5

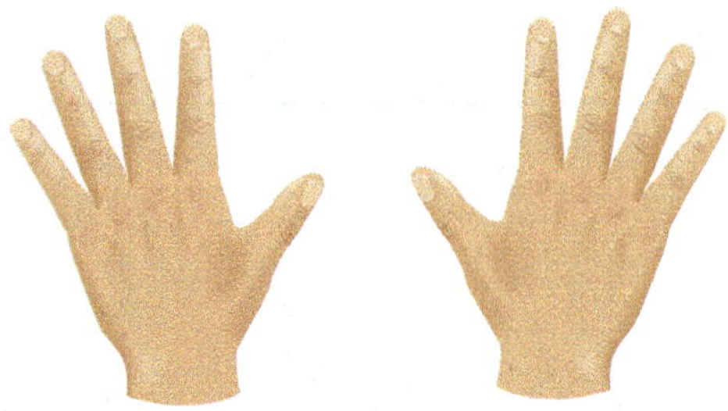

5 + ☐

6

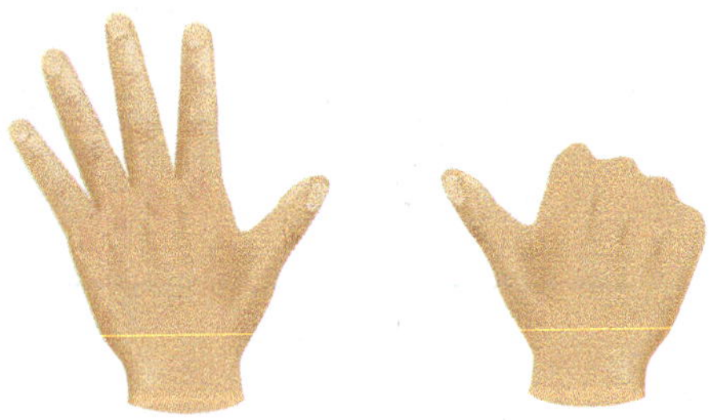

5 + ☐

✓ Comprobar la comprensión

MAESTRO: ¿Qué número le deben sumar a un grupo de 5 para llegar a 8?

Nombre ____________________________________

Encierra en un círculo grupos del número. Marca con una X los grupos que no sean ese número.

6

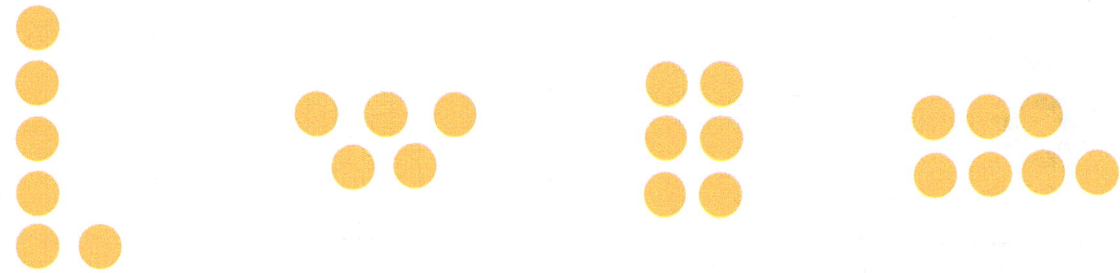

7

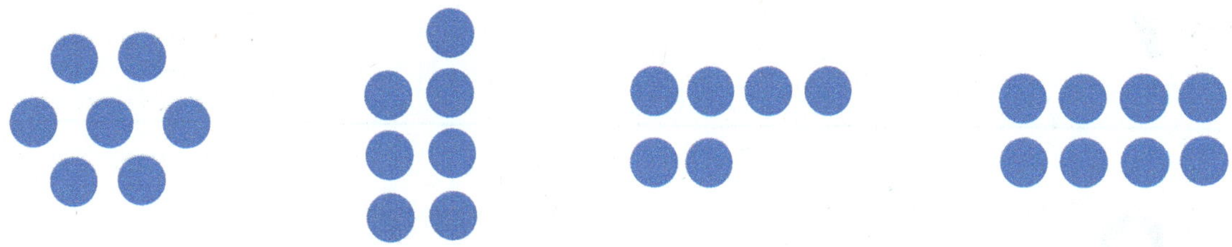

8

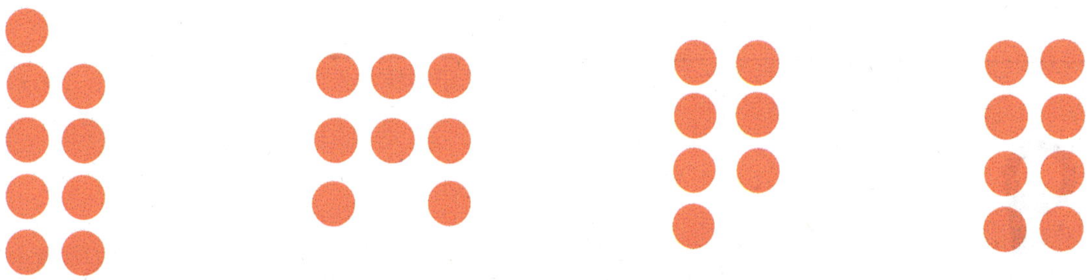

9

10

Dibuja puntos para mostrar el número.

6

7

8

9

10

Comprobar la comprensión

MAESTRO: Sin contar, digan cuántos números hay en cada grupo. Ahora cuenten en voz alta para comprobar sus respuestas.

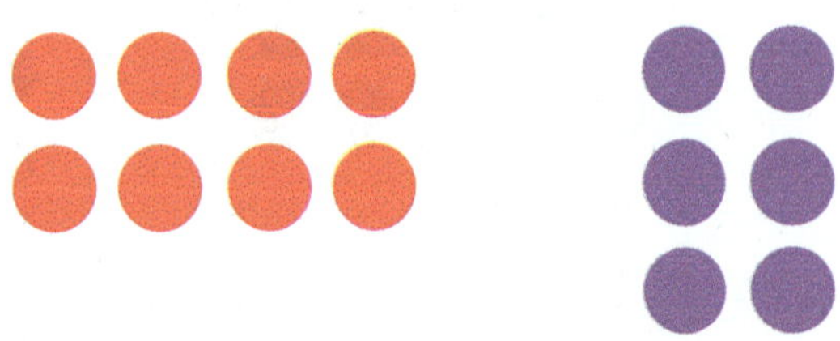

Cortar por las líneas punteadas. Doblar por las líneas sólidas y colocar cinta adhesiva en las partes superiores e inferiores.

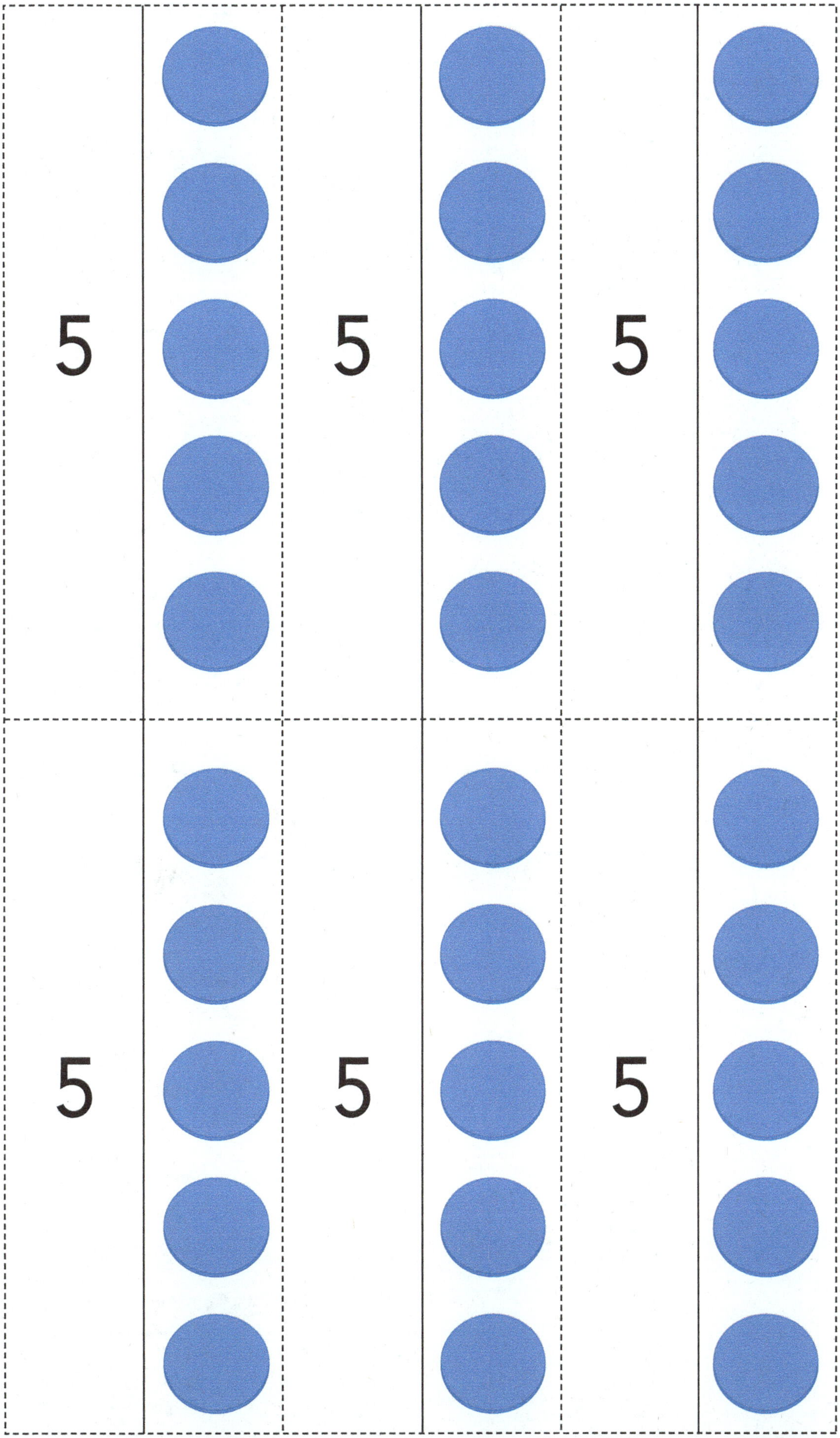

Nombre ______________________________

Usa grupos de 5.

Escribe el número de fichas adicionales.

1

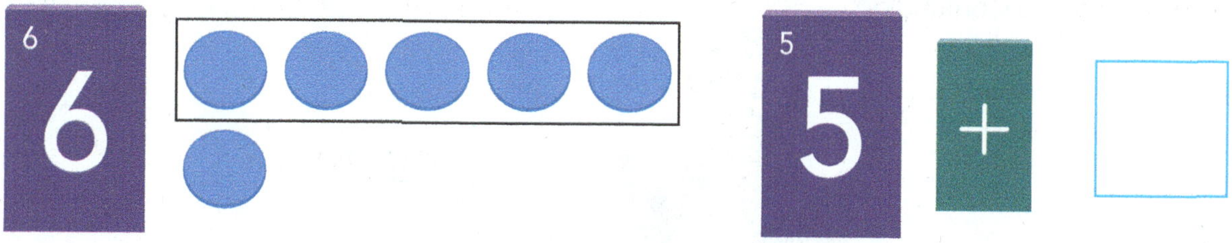

2

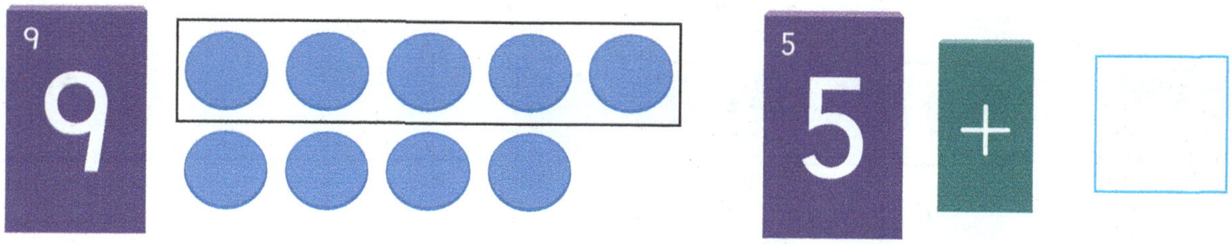

3

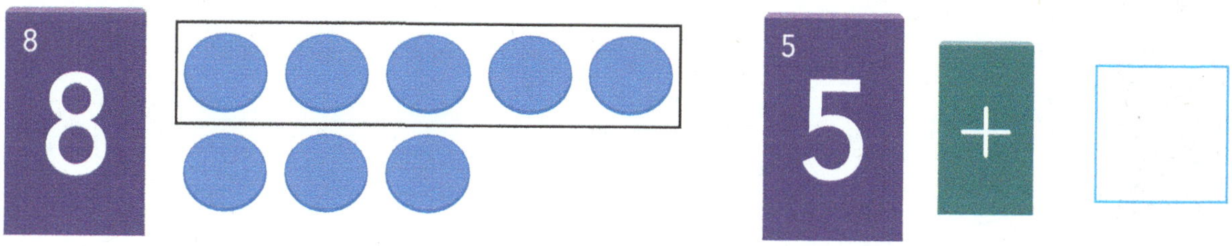

4

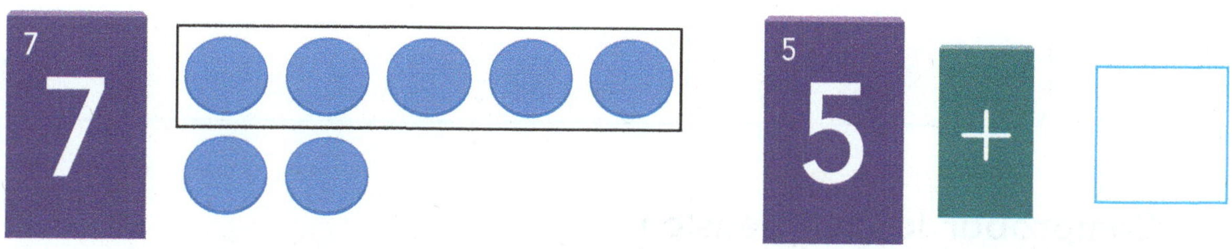

El Pingüino Confundido usó una Tira de 5 fichas y algunas fichas adicionales para mostrar 7.

¿Cometió un error el Pingüino Confundido?

Ayuda al Pingüino Confundido.

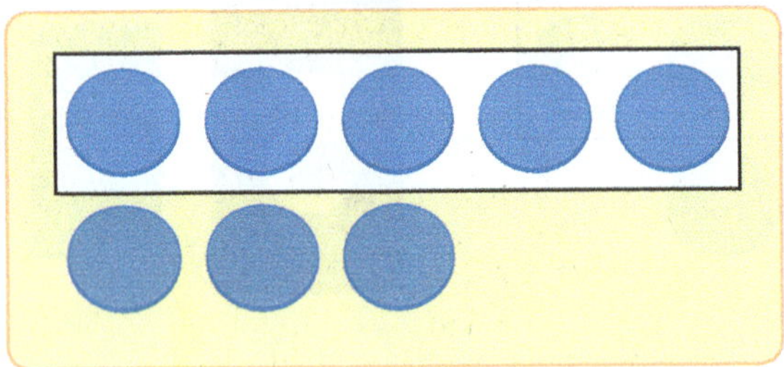

Dibuja una Tira de 5 fichas y algunas fichas adicionales para mostrar 9.

Comprobar la comprensión

MAESTRO: Observen el grupo para el número 7. ¿Por qué es más fácil ver el número cuando usan un grupo de 5?

Nombre ______________________________

Escribe el número 6.

6 6 6 6 6 6 6 6

6

6 6 6

6

Dibuja 6 objetos.	Dibuja 6 pelotas.

Encierra en un círculo 6 sombreros.

Escribe el número 6.

Comprobar la comprensión

MAESTRO: Encierren en un círculo el número de canicas que hay.

6

7

8

Nombre ______________________________

Cuenta un problema de suma o resta.

Haz un dibujo para mostrar cuántos globos hay en total.

Conecta los puntos en orden. Usa **líneas rectas**.

VOCABULARIO
líneas rectas

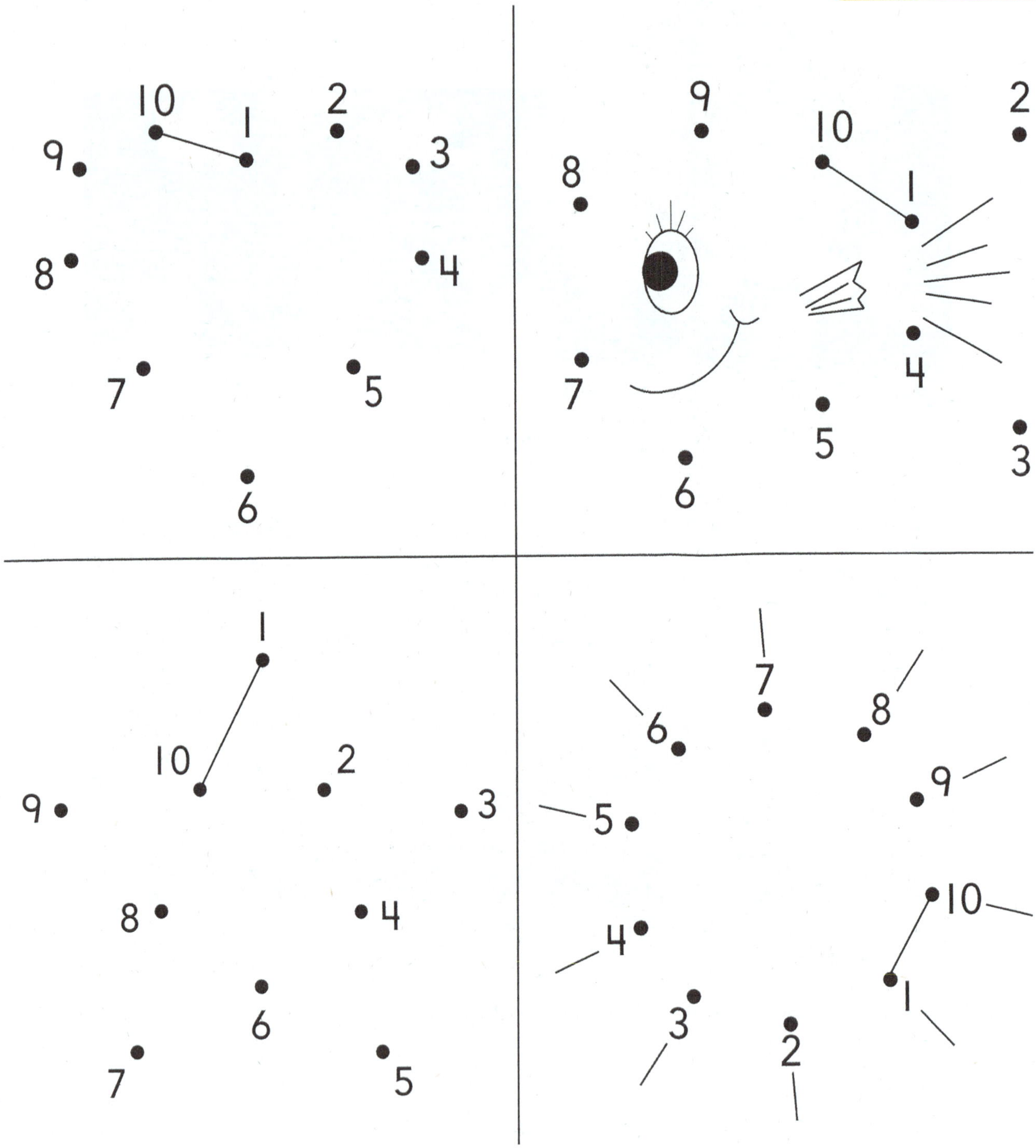

Comprobar la comprensión

MAESTRO: Hagan un dibujo para mostrar $1 + 3 = 4$.

1	2	3	4	5	6
1	2	3	4	5	6

7	8	9	10
7	8	9	10

$+$	$+$	$+$	$-$	$-$	$-$
$=$	$=$	$=$	$\neq$	$\neq$	$\neq$

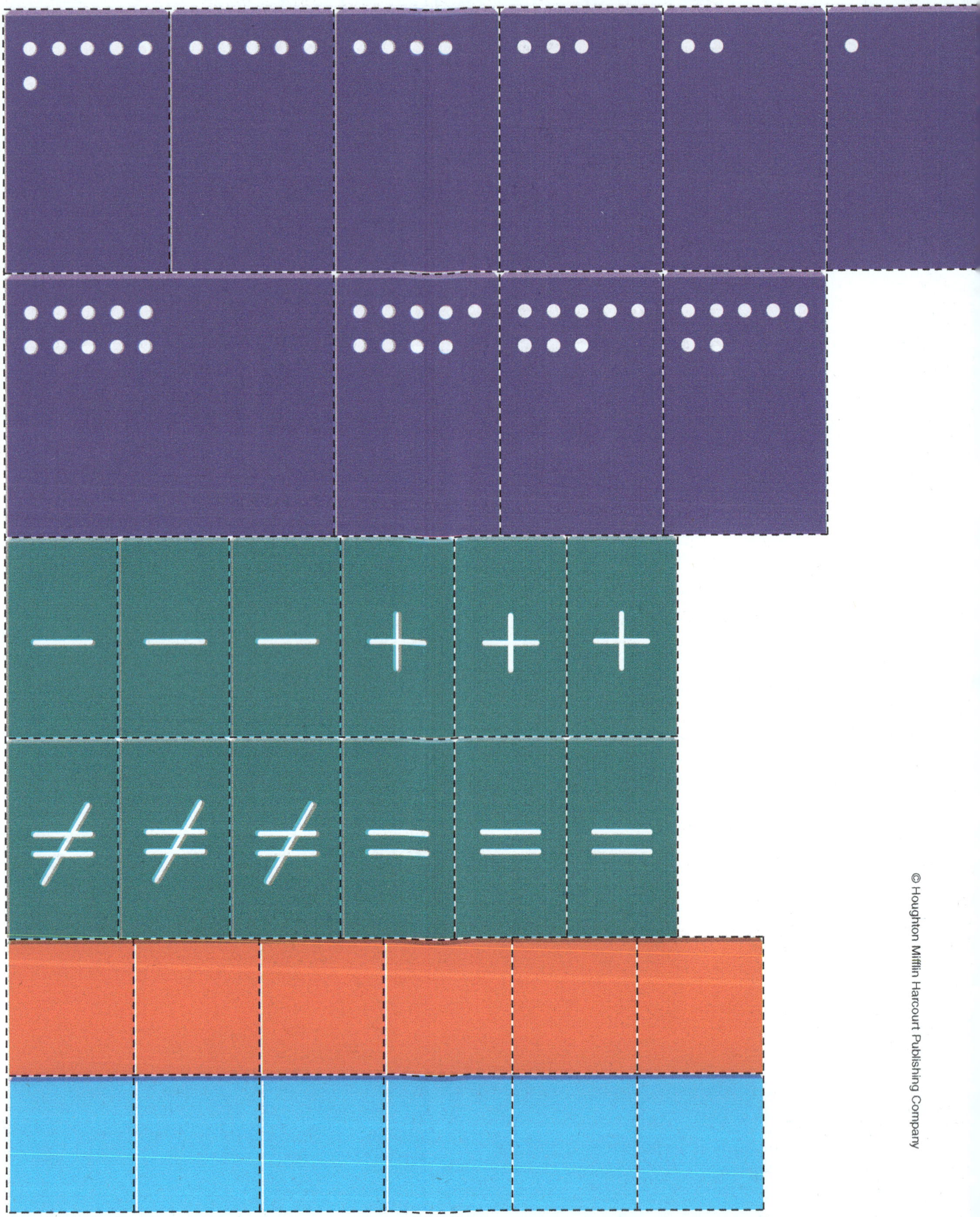

Nombre ____________________

Escribe los números 2 y 5.

Dibuja 2 objetos.	Dibuja 2 círculos.

Dibuja 5 objetos.	Dibuja 5 cuadrados.

Escribe los números del 0 al 5 en orden. Usa el Desfile de números para ayudarte.

0 0 0 0 0 0 0 0

0 0 0 0

1 1 1 1 1 1 1 1

1 1 1 1

2 2 2 2 2 2 2 2

2

3 3 3 3 3 3 3 3

3

4 4 4 4 4 4 4 4

4

5 5 5 5 5 5 5 5

5

Nombre ___________________________

Escucha las instrucciones.

Observa los estudiantes en la fila.

Halla quién está de primero, segundo, tercero, cuarto y quinto.

Colorea el resto de la página.

Escucha las instrucciones.

Halla quien está de primero, segundo, tercero, cuarto, quinto, sexto, séptimo, octavo, noveno y décimo en la fila.

Comprobar la comprensión

MAESTRO: Dibujen un grupo de objetos para mostrar el número 5.

Nombre ______________________________

Escribe el número 7.

Dibuja 7 objetos.

Dibuja 7 cuadrados.

Escribe los número del 0 al 7 en orden.

0 1 2 3 4 5 6 7

Conecta los puntos en orden.

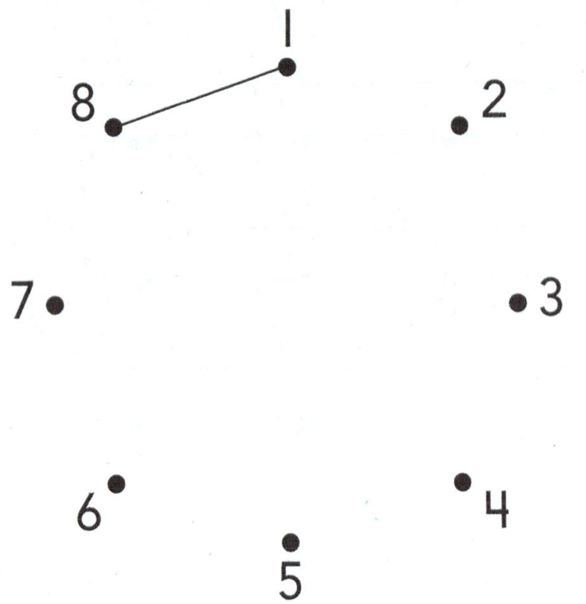

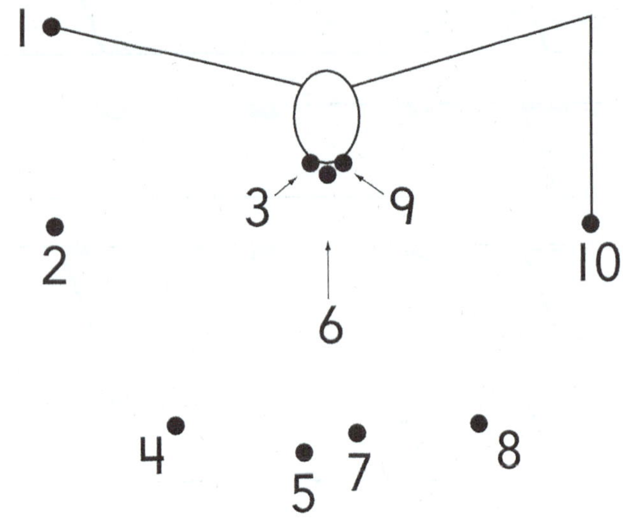

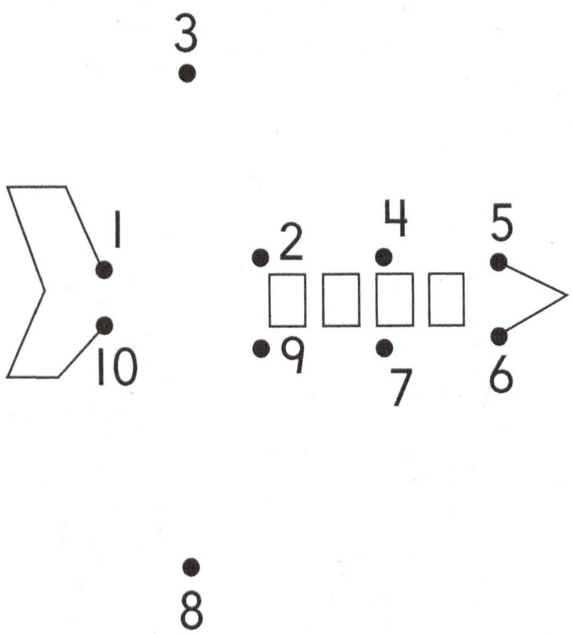

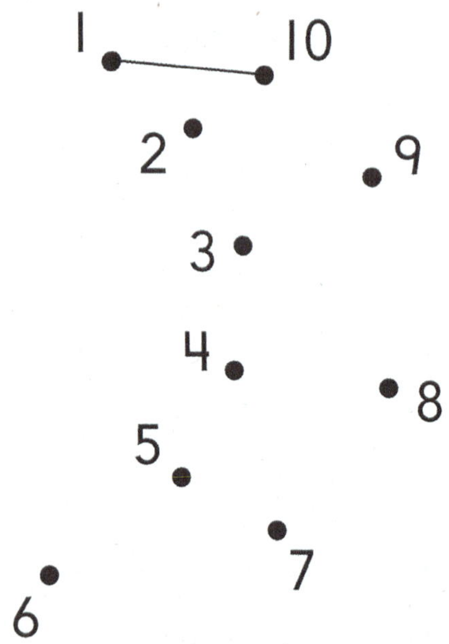

Comprobar la comprensión

MAESTRO: Expliquen cómo saben cuál número sigue en los dibujos de conectar puntos.

Nombre ____________________

Usa un lápiz o un marcador para trazar cada número 2 veces. Usa el color azul para trazar los 6 y el color rojo para trazar los 7.

6	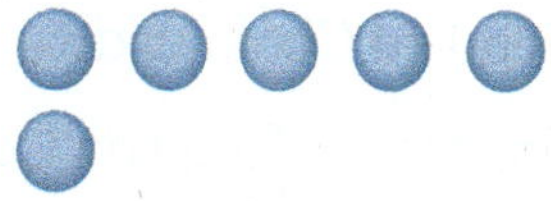
7	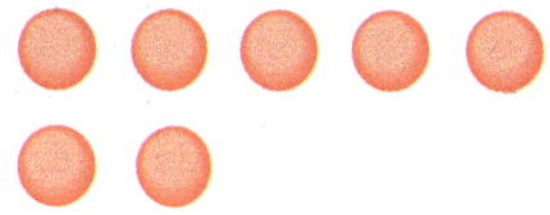

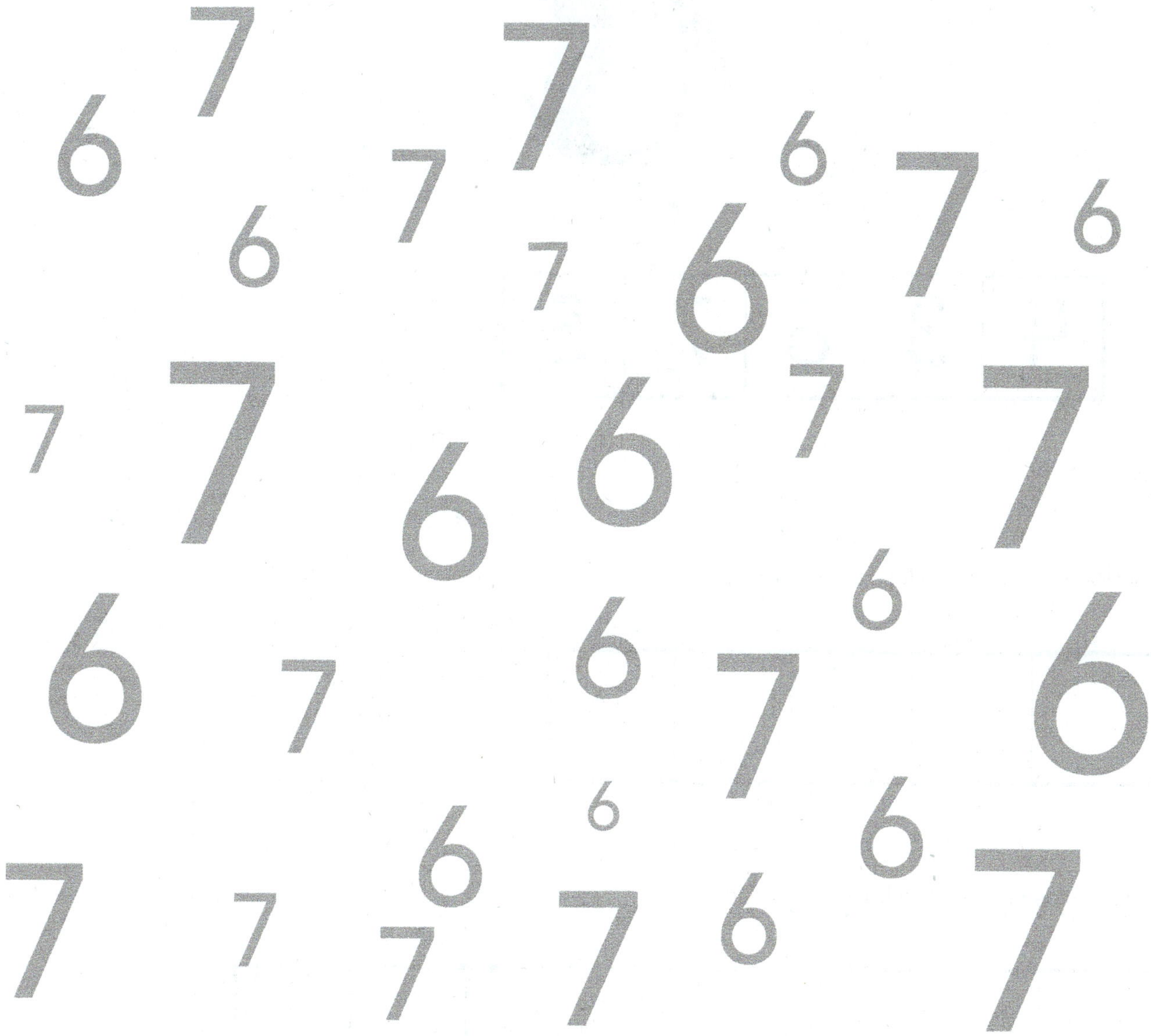

Escribe los números del 1 al 7 en orden.

Ayuda al Pingüino Confundido.

¿Cometió un error el Pingüino Confundido?

Observa los números siguientes.

4	3	6	7	5

Escribe los números del 3 al 7 en orden.

Escribe los números del 0 al 7 en orden.

Comprobar la comprensión

MAESTRO: Dibujen un grupo de 7 objetos.

Nombre ______________________________

Escribe el número 8.

8 8 8 8 8 8 8 8

8

8 8 8

8

8

Dibuja 8 objetos.	Dibuja 8 rectángulos.

Encierra en un círculo 8 objetos.

Escribe el número 8.

8 8 8 8 8 8 8 8

8

Comprobar la comprensión

MAESTRO: Hay 4 ardillas en un árbol. Hay dos ardillas en el suelo.
Encierren en un círculo el número de ardillas que hay en total.

4 6 8

Nombre ______________________

Cuenta un problema de matemáticas.

Escribe el número 9.

9 9 9 9 9 9 9 9

9

9 9 9

9

9

Dibuja 9 objetos.	Dibuja 9 círculos.

Comprobar la comprensión

MAESTRO: Hagan un dibujo para mostrar cuántos hay en total.

5 + 2

Nombre ______________________________

Mira las fichas.

Escribe los números que faltan.

1

$\square + 1 = \square$

2

$\square + 1 = \square$

3

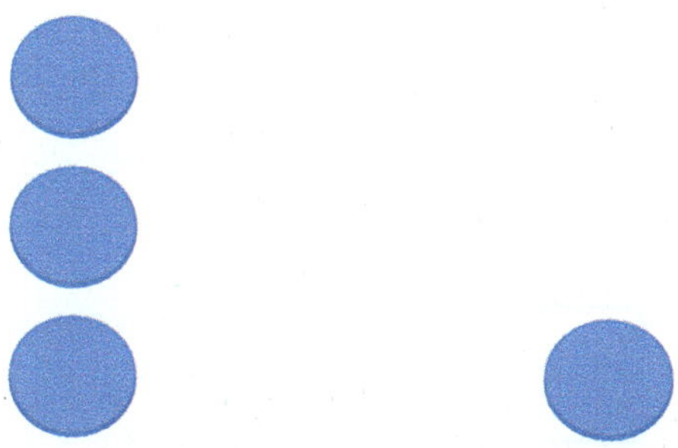

$\square + 1 = \square$

Dibuja círculos para mostrar los números.

¿Cuántos hay en total?

Escribe el número.

4

4 + 1 = ☐

5

5 + 1 = ☐

Comprobar la comprensión

MAESTRO: Expliquen cómo pueden usar fichas para mostrar 7 + 1. Luego, resuelvan.

Nombre ______________________________

VOCABULARIO
triángulo

Comenta sobre las figuras que ves.
Traza las figuras.
Dibuja las mismas figuras debajo de las ilustraciones.
Colorea los **triángulos** que dibujes.

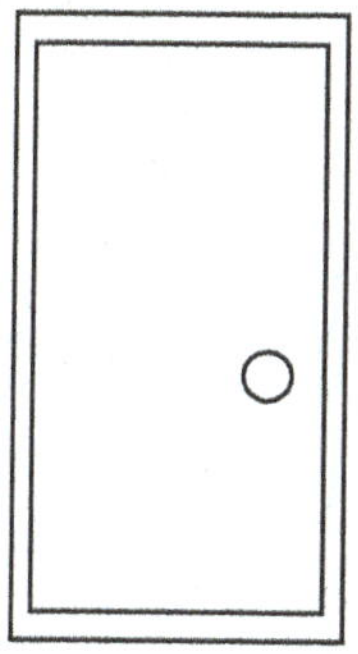

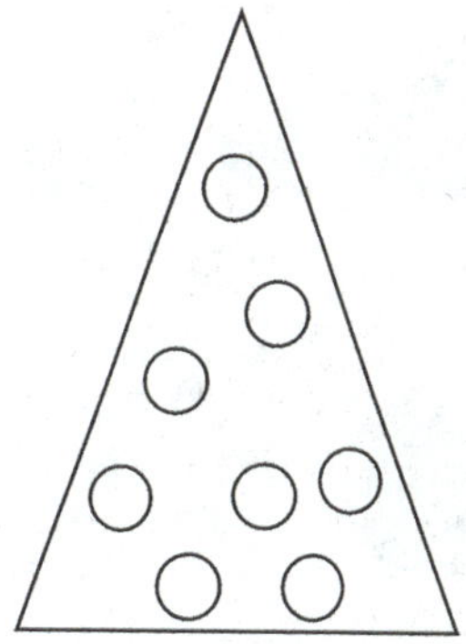

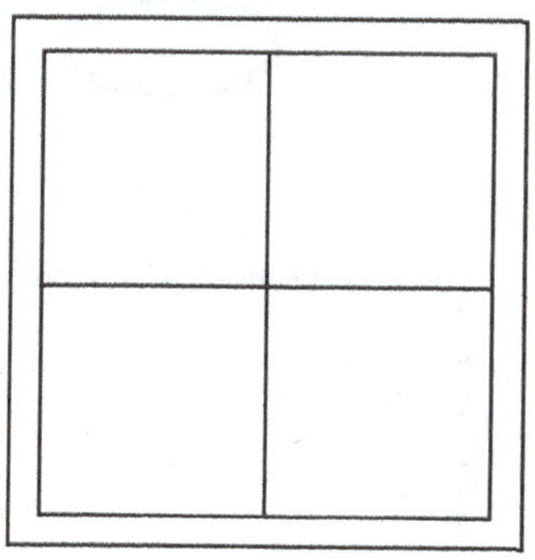

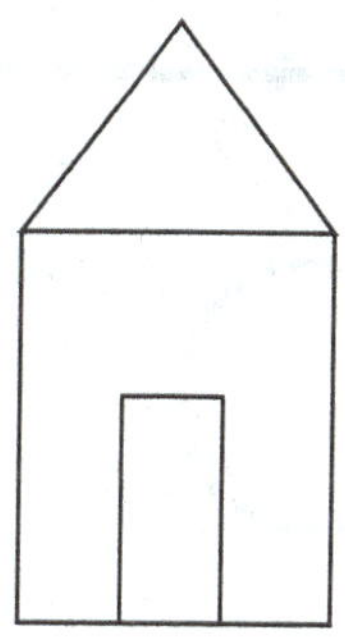

Nombra las figuras que ves.

Cuenta los lados de cada figura.

Colorea las figuras que necesites para construir la casa de perros que se muestra.

Comprobar la comprensión

MAESTRO: Digan cuántos lados tiene un triángulo.
Digan cuántas esquinas tiene un triángulo.

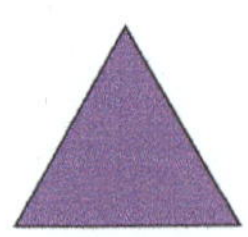

Nombre ______________________________

Mira las fichas.

Escribe los números que faltan.

1

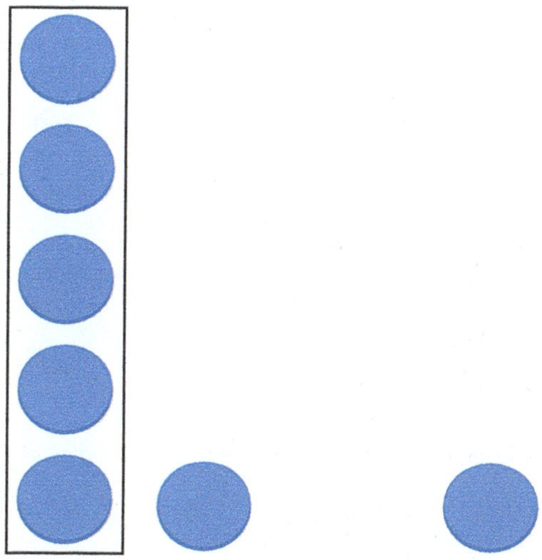

☐ + 1 = ☐

2

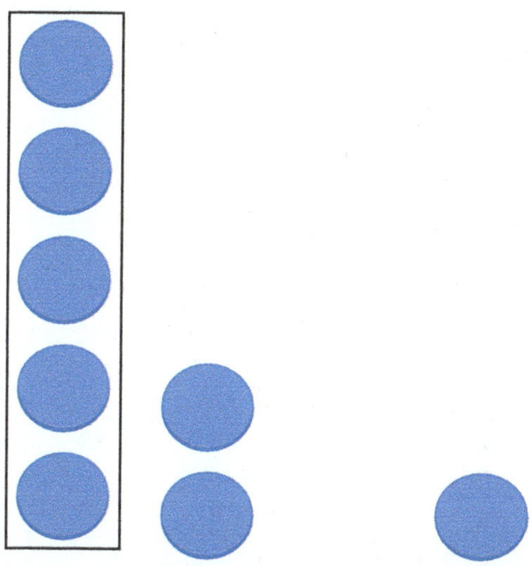

☐ + 1 = ☐

Mira las fichas.

Escribe los números que faltan.

3

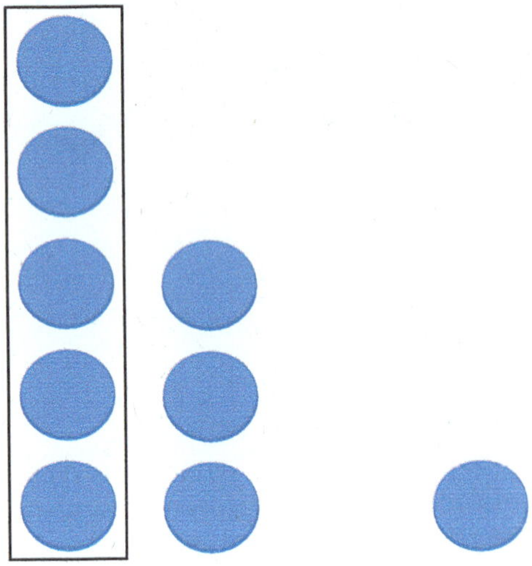

☐ + 1 = ☐

4

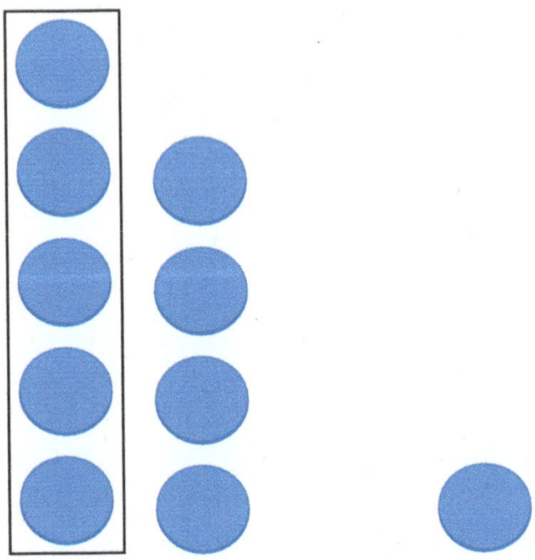

☐ + 1 = ☐

Nombre ______________________

5 Continúa el patrón una vez más.

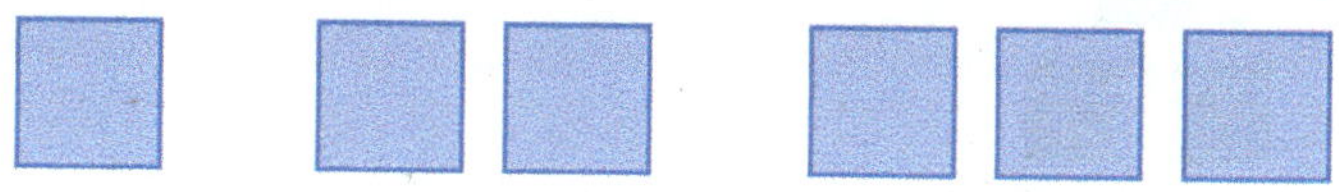

6 Continúa el patrón en la flor dos veces más.

7 Continúa cada patrón una vez más.

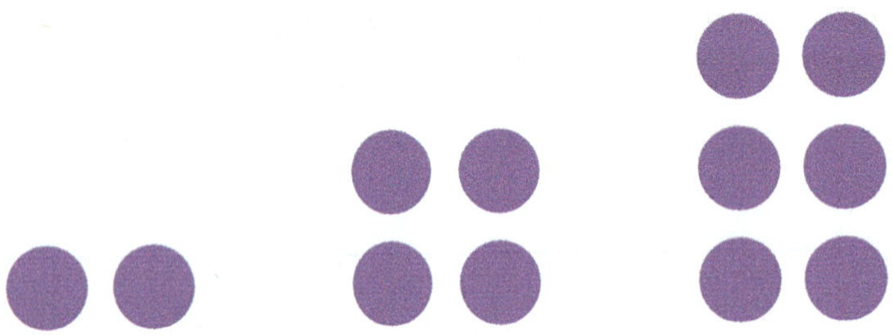

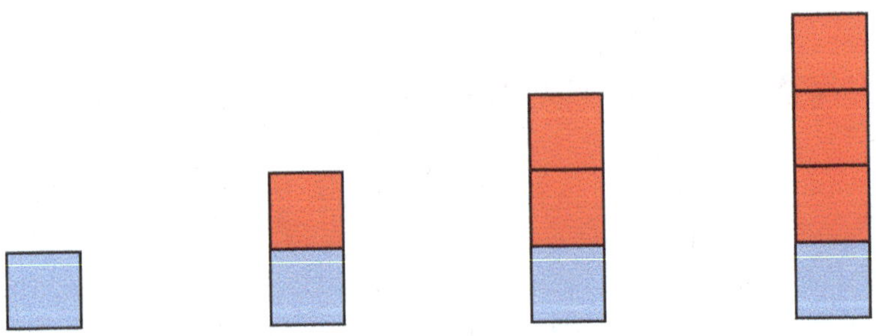

0 2 4 ☐ ☐

Comprobar la comprensión

MAESTRO: Escojan uno de los patrones anteriores. Expliquen el patrón.

Nombre ______________________________

Escribe el número 10.

10

10

10

10

10

Dibuja 10 triángulos.	Dibuja 10 círculos.

Encierra en un círculo 10 peces.

Practica escribir el número 10.

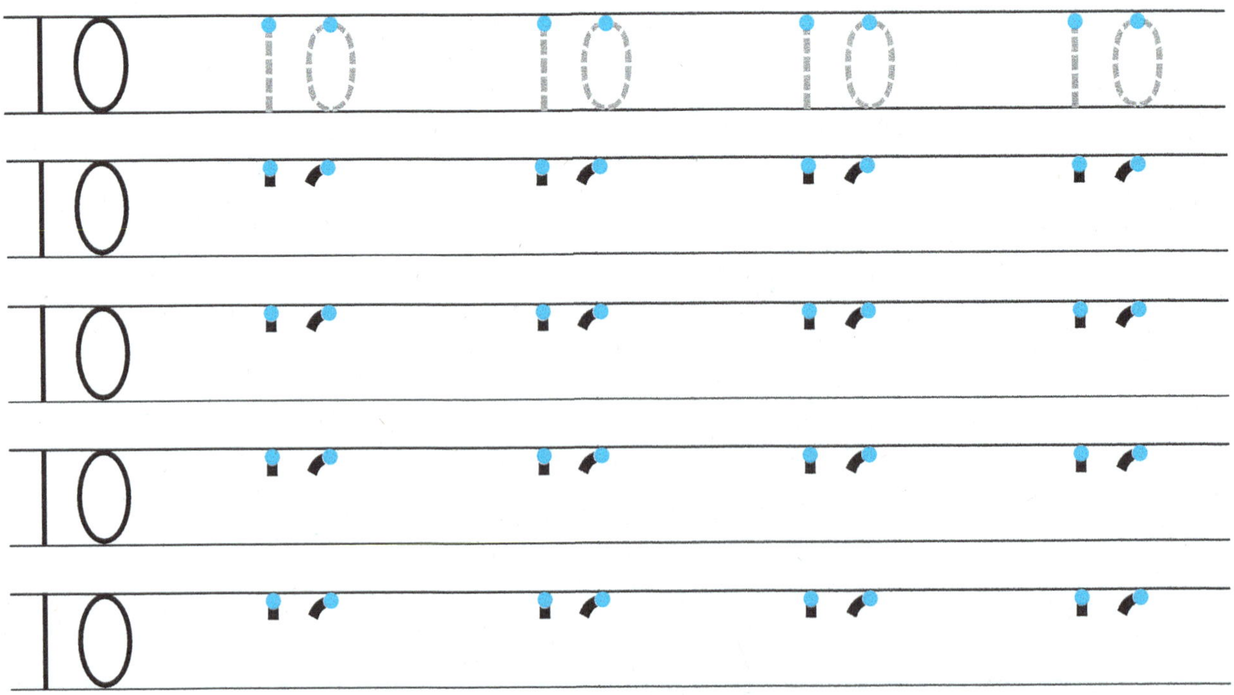

Cortar las líneas punteadas. Doblar las líneas sólidas y colocar cinta adhesiva en las partes superiores e inferiores.

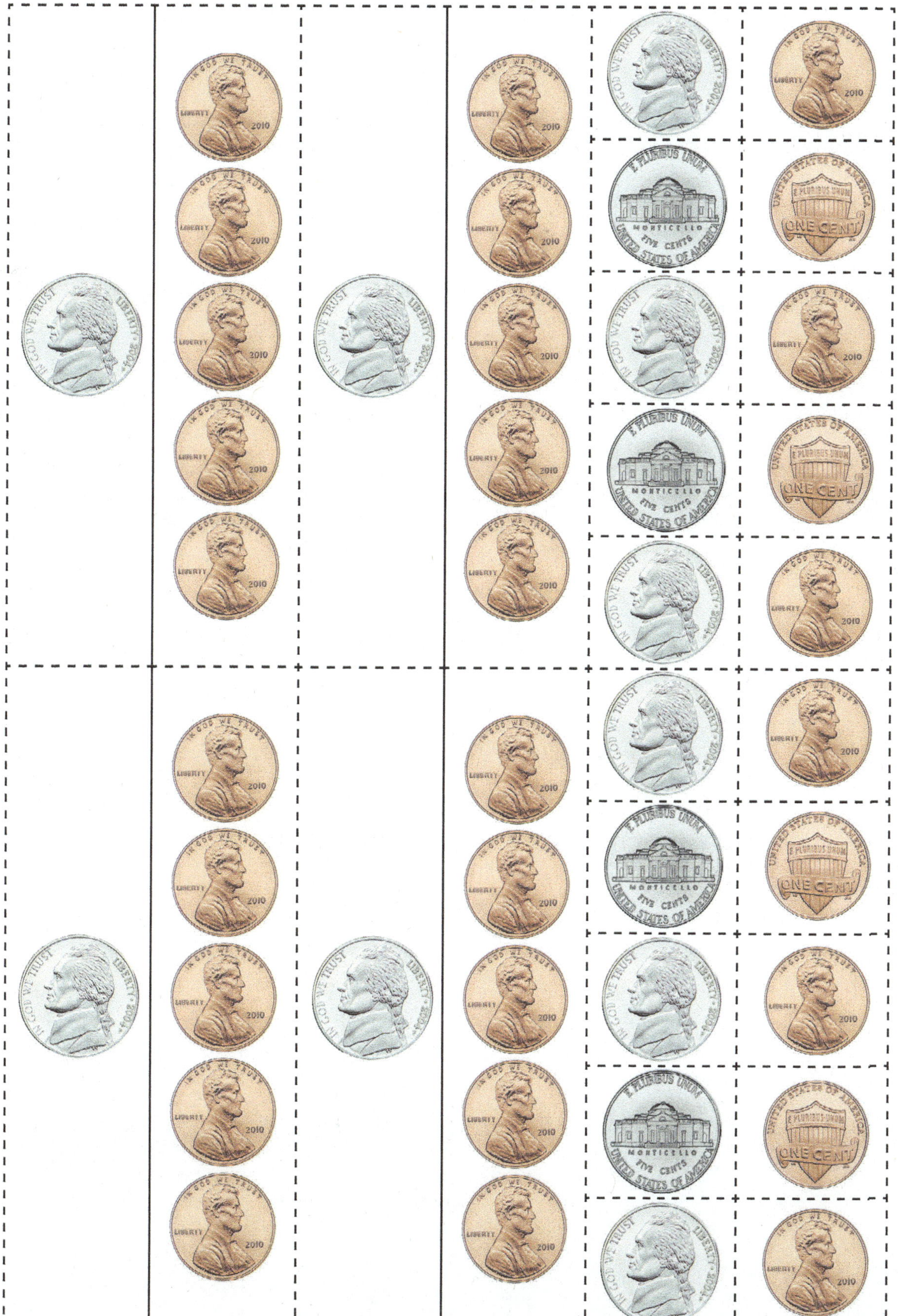

Tiras de monedas de 5¢, monedas de 5¢ y 1¢

Nombre ______________________________

VOCABULARIO
moneda de 5¢

Una **moneda de 5¢** vale 5¢.

Intercambia cada moneda de 5¢ por monedas de 1¢.

Dibuja el número de monedas de 1¢ que vale cada grupo

Escribe el número de centavos.

Usa tu Tira de monedas de 5¢ para comprobar.

☐ ¢

☐ ¢

☐ ¢

☐ ¢

Escribe el número de centavos en cada grupo.

☐ ¢

☐ ¢

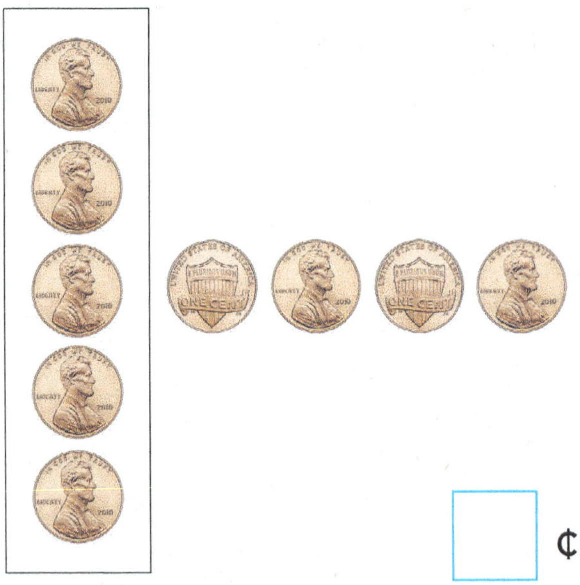

☐ ¢

☐ ¢

Comprobar la comprensión

MAESTRO: ¿Cuántas palas hay? Escriban el número.

☐

Nombre ____________________

Usa fichas. Quita 1.

Escribe el número.

1. $10 - 1 = \square$
2. $9 - 1 = \square$
3. $8 - 1 = \square$
4. $7 - 1 = \square$
5. $6 - 1 = \square$
6. $5 - 1 = \square$

Usa fichas. Quita 1.

Escribe el número.

7 $4 - 1 =$ ☐	8 $3 - 1 =$ ☐
9 $2 - 1 =$ ☐	10 $1 - 1 =$ ☐

Nombre ______________________________

Continúa cada patrón una vez más.

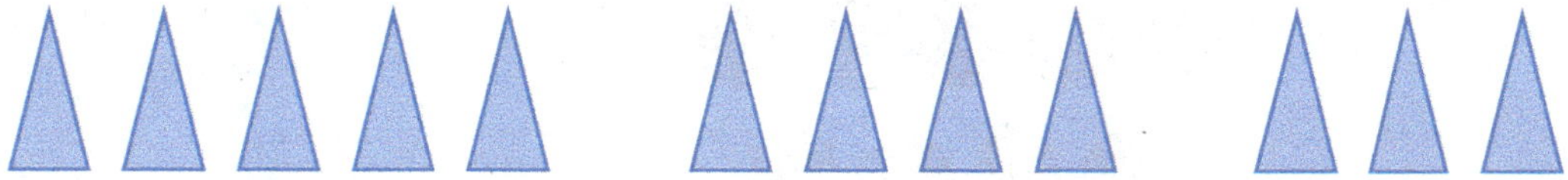

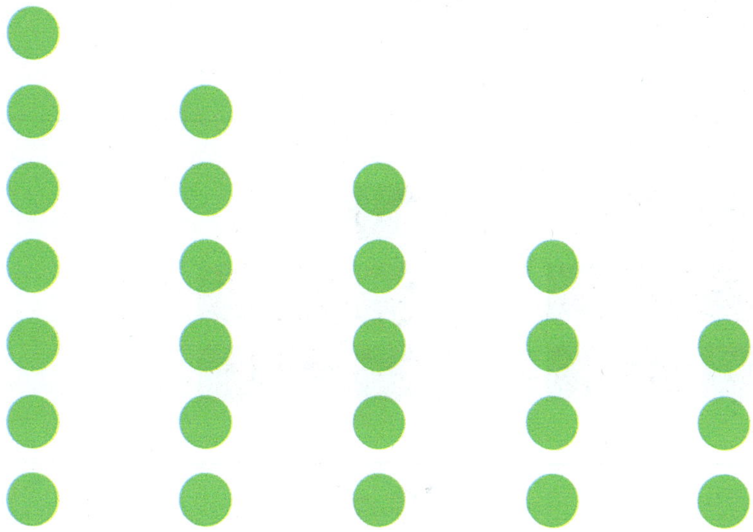

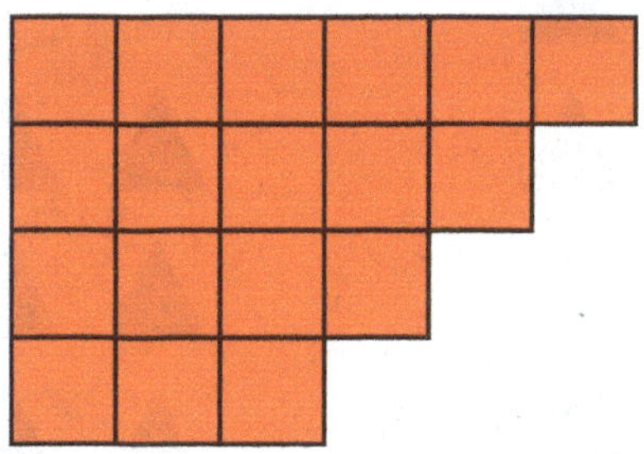

Continúa cada patrón dos veces más.

Continúa cada patrón una vez más.

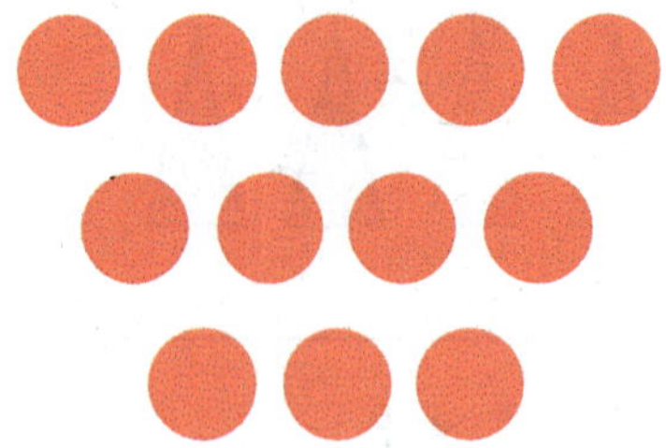

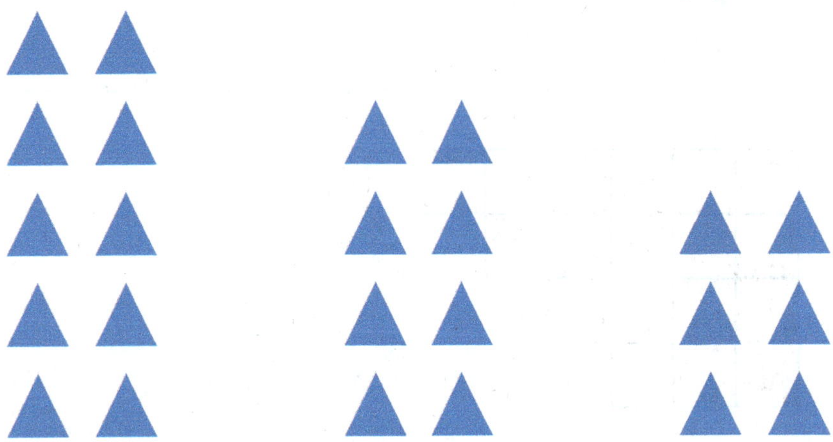

10   8   6   4   ☐   ☐

Comprobar la comprensión

MAESTRO: Dibujen un patrón que disminuye.

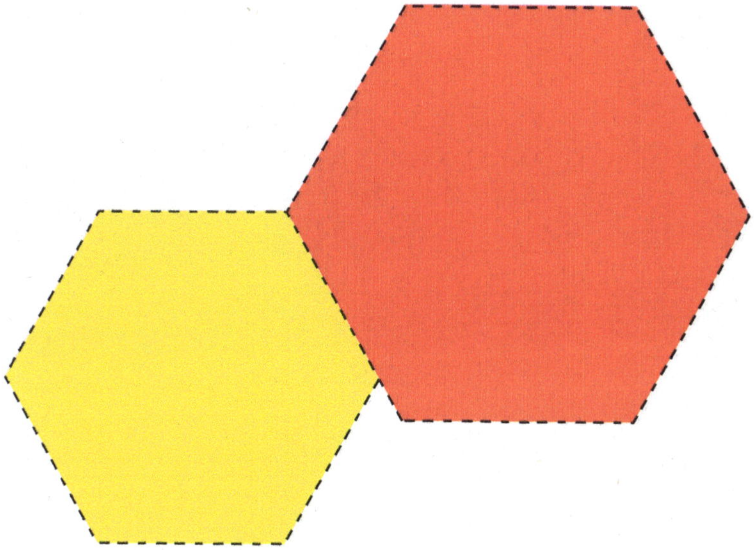

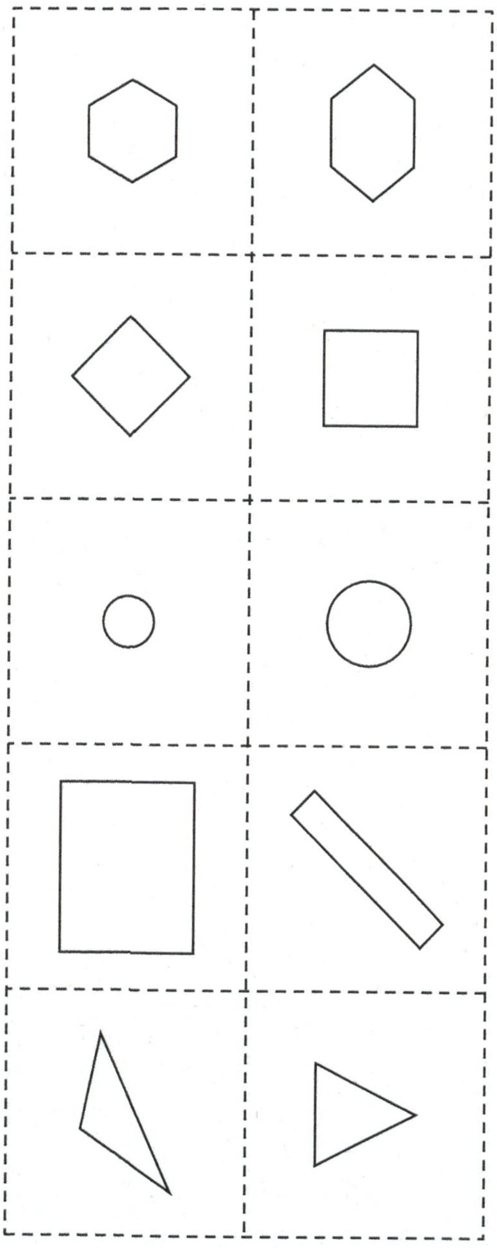

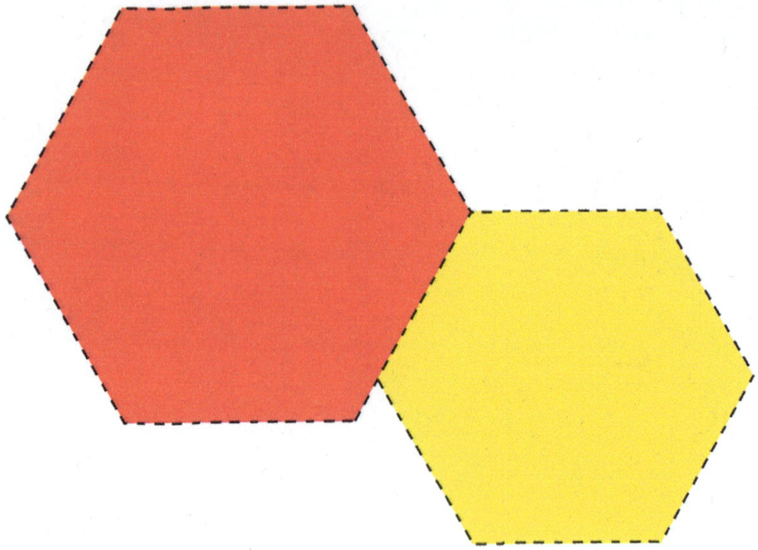

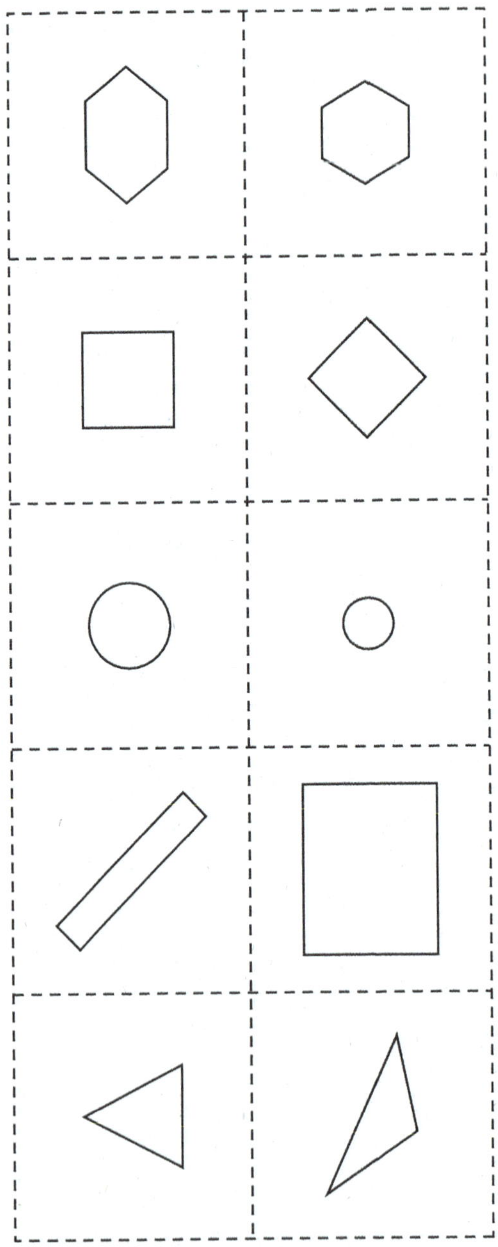

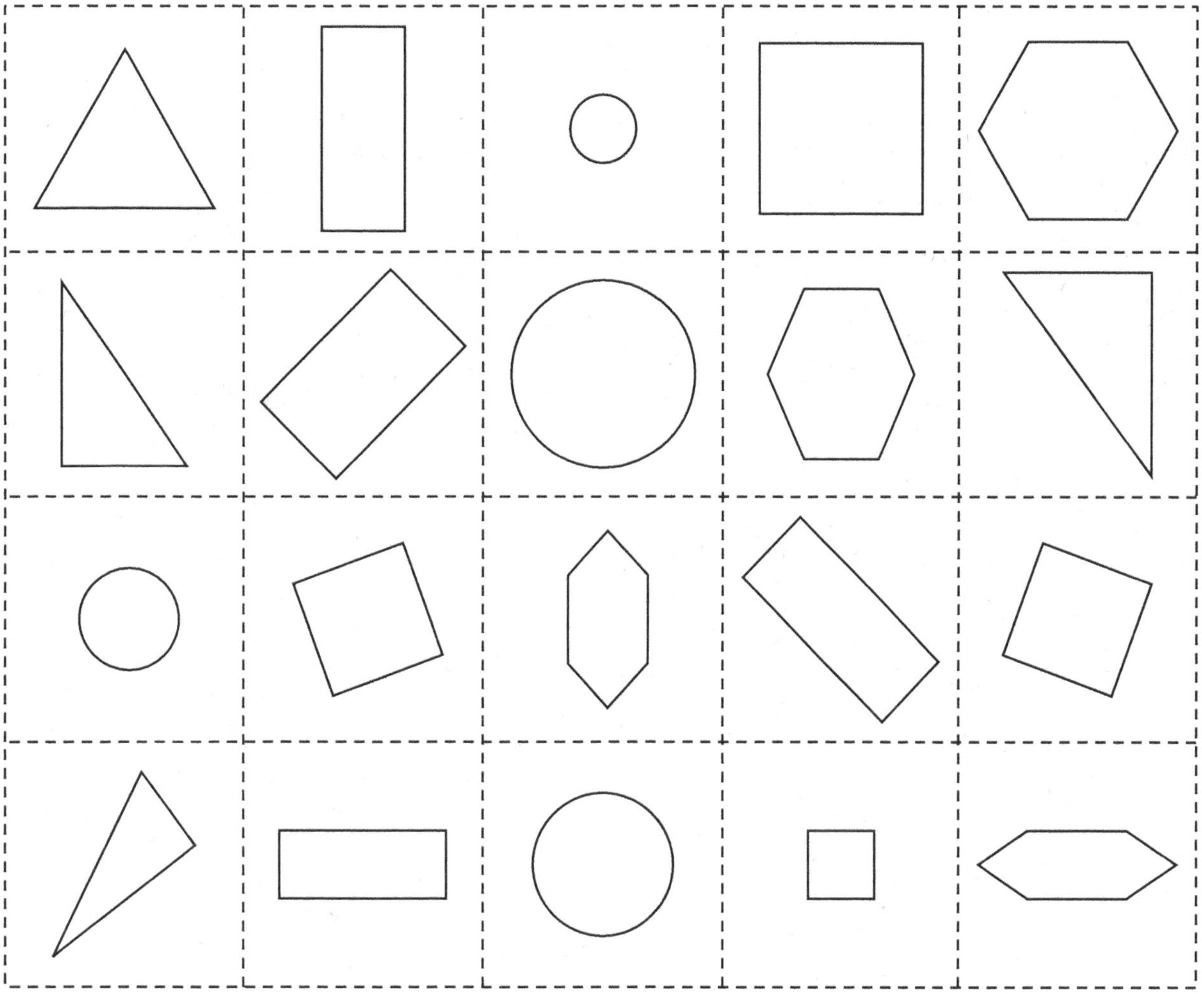

Nombre ______________________________

VOCABULARIO
hexágono

Colorea las figuras de cada tipo del mismo color como se muestra a continuación.

círculo triángulo cuadrado **hexágono** rectángulo

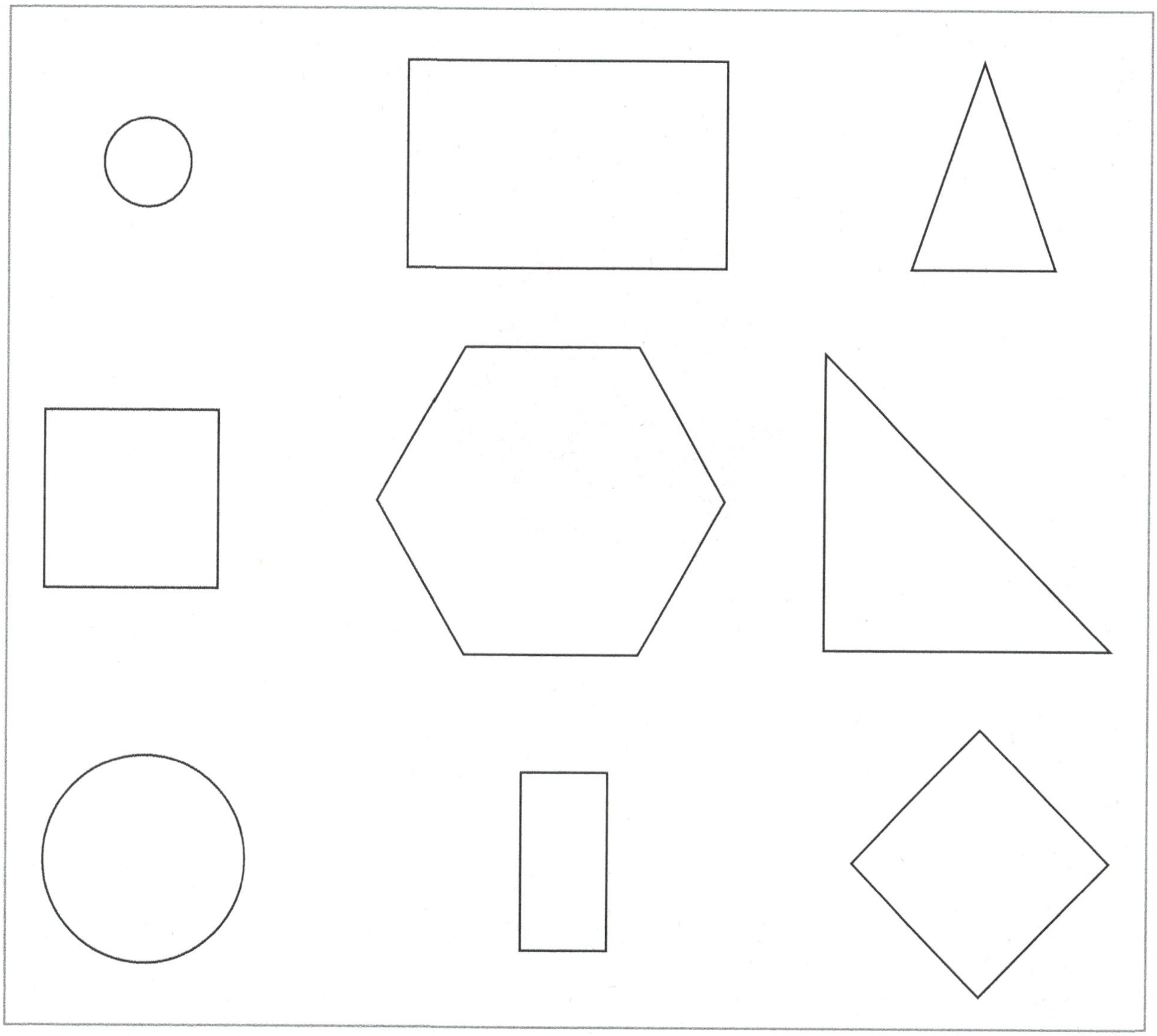

¿Cuáles figuras pueden tener más de un color? ¿Por qué?

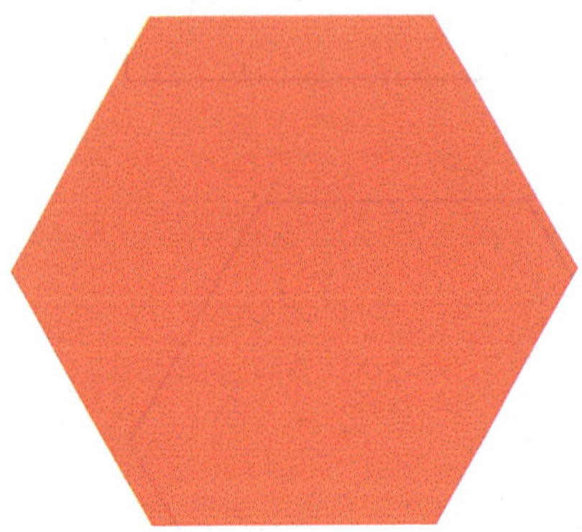

Comprobar la comprensión

MAESTRO: ¿Cuáles son las diferentes palabras que podemos usar para describir la posición de las figuras?

Nombre ________________________

Usa un lápiz o un marcador.
Traza cada número dos veces.
Usa el color rojo para trazar los 8.
Usa el color azul para trazar los 9.

8

9

Escribe los números del 1 al 10 en orden.

Ayuda al Pingüino Confundido.

Al Pingüino Confundido le pidieron que escribiera el número 6.

¿Escribió el Pingüino Confundido el número correctamente?

¿Qué número escribió el Pingüino Confundido?

¿Cómo podemos ayudar al Pingüino Confundido a escribir el número correctamente?

Escríbele el número al Pingüino Confundido.

Practica escribir el número 6.

6

Practica escribir el número 9.

9

Escribe los números del 6 al 10 en orden.

Comprobar la comprensión

MAESTRO: Escriban el número 6. Dibujen un grupo de objetos para mostrar el número.

Nombre ____

Ayuda al Pingüino Confundido.

¿Cometió un error el Pingüino Confundido?

Mira los números a continuación.

Tacha cualquier número que no se encuentre en el orden correcto.

1	2	3	4	5	7	6	8	9	10

Ayuda al Pingüino Confundido a escribir los números en el orden correcto.

Tacha cualquier número que no se encuentre en el orden correcto.

0	1	2	3	4	5	6	7	9	8

Ayuda al Pingüino Confundido a escribir los números en el orden correcto.

Escribe los números del 1 al 10 en orden.

1	2		4			7			10

	2	3		5	6		8	9	

Escribe los números del 0 al 9 en orden.

0	1		3	4			7		9

0		2			5	6		8	

Comprobar la comprensión

MAESTRO: Digan qué número viene antes del 6.
Digan qué número viene después del 7.

Nombre ______________________________

Colorea las figuras del mismo tipo con el mismo color.
Cuentas cuántas hay de cada figura.
Escribe el número.

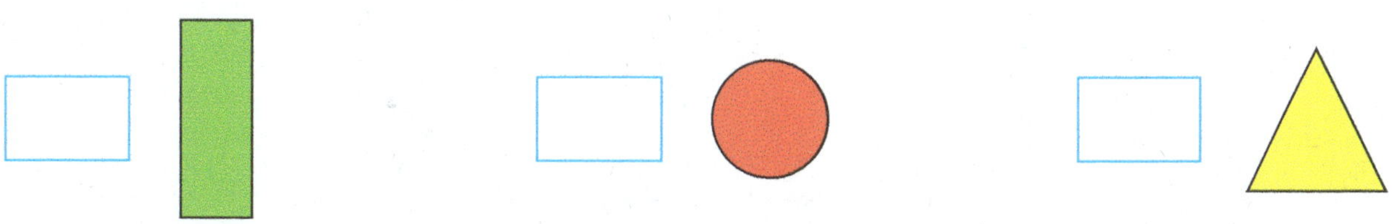

Traza una línea para emparejar cada figura siguiente con una figura en la ilustración.

círculo

rectángulo

triángulo

cuadrado

Repaso/Prueba de la Unidad 2

Nombre ______________________ Fecha ______________

1 Elige todos los grupos de ese número.

6

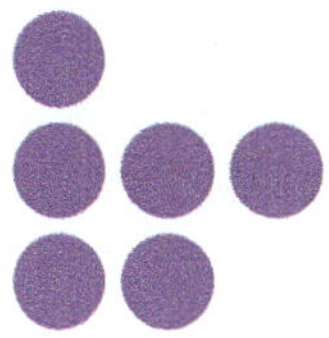

○

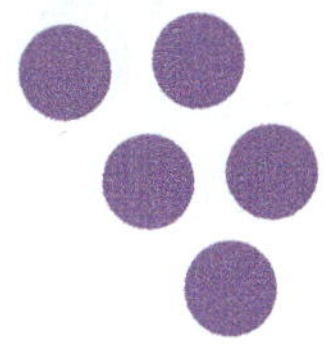

○

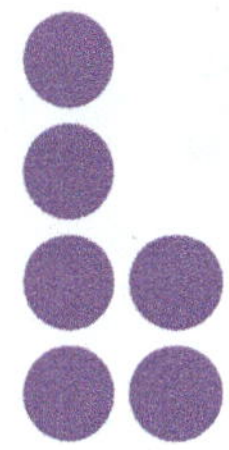

○

2 ¿Muestra 7 el grupo? Elige Sí o No.

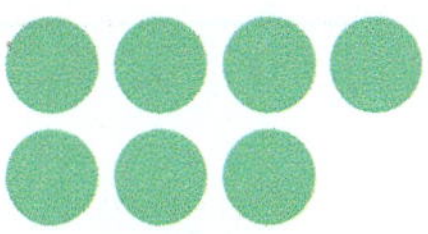

○ Sí ○ No

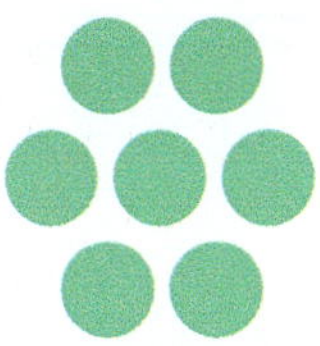

○ Sí ○ No

○ Sí ○ No

3 Conecta los puntos en orden.

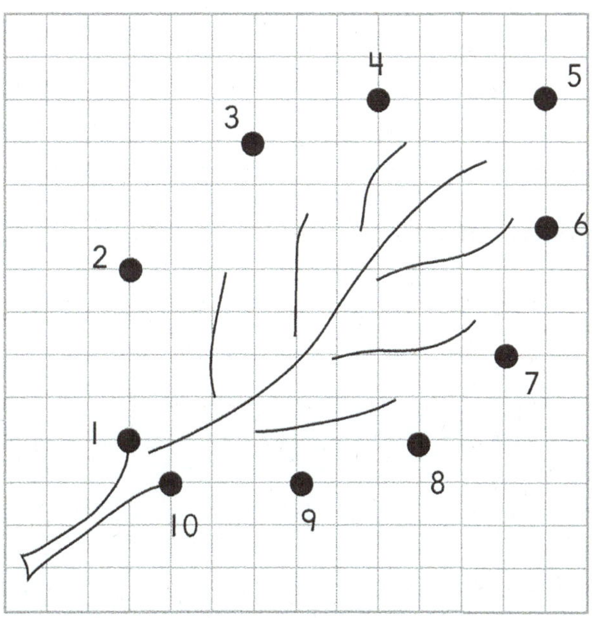

4 Escribe cuántos centavos hay.

☐ ¢

Nombre ____________________ Fecha ____________

5 Usa el grupo de 5. Escribe cuántos puntos verdes hay.

$5 + 1 = \square$

---

6 Dibuja una línea tachando un círculo para mostrar 9 menos 1. Escribe el número.

______

Encierra en un círculo el número que complete el enunciado numérico.

$9 - 1 =$

7
8
9

Nombre ______________________ Fecha ____________

7 Dibuja 4 triángulos en el cuadro. Escribe cuántos lados tiene un triángulo.

Un triángulo tiene ☐ lados.

8 Dibuja una línea debajo de cada hexágono.

Nombre ______________________ Fecha ______________

9 Mira las fichas con números. Escribe los números del 6 al 10 en orden.

8 7 6 10 9

---

10 Continúa el patrón una vez más.
Colorea de azul el primer cuadrado de cada grupo.
¿Cuántos cuadrados coloreaste?

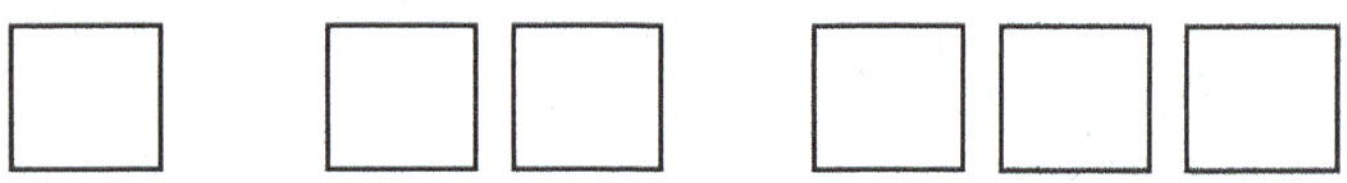

☐ cuadrados

Tarea de rendimiento de la Unidad 2

Nombre ______________________________

Cuentos del tren

Parte A

Nombre ______________________

Parte B

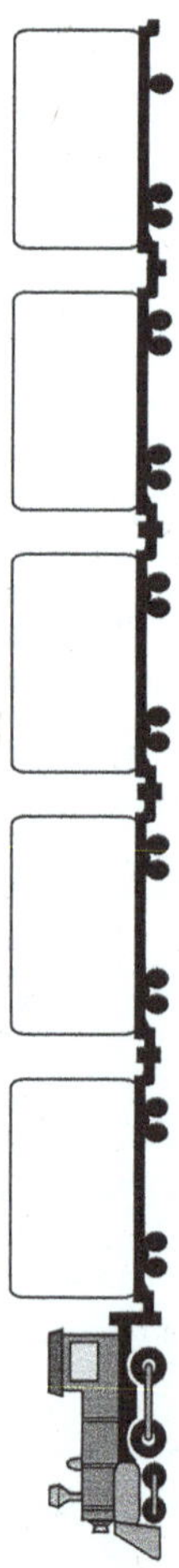

5 = ☐ + ☐

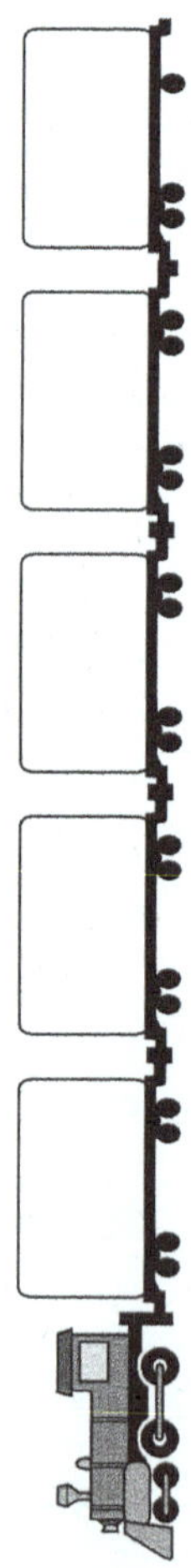

5 − ☐ = ☐

Dear Family:

Your child is starting a new unit on grouping concepts. These concepts provide a foundation for understanding basic math equations. In class, children will learn to find the ten in teen numbers (17 = 10 + 7), break apart numbers to find "partners" (6 = 4 + 2), recognize when numbers are equal or not equal, apply the concepts of *more* and *fewer*, and observe different attributes of shapes.

Being able to group numbers and shapes makes them easier to understand. You can help your child by practicing grouping concepts at home. Here is an example of an activity you can do with your child:

When cleaning up from play, have your child sort the objects before putting them away. Talk about the differences in size, shape, and color, and help your child place the items in groups based on these attributes. For example, the blocks below are sorted by size. They could also be sorted by color.

Thank you for your continued support.

Sincerely,
Your child's teacher

Estimada familia:

Su niño está empezando una nueva unidad que trata sobre los conceptos de agrupar. Estos conceptos son muy importantes para comprender las ecuaciones matemáticas básicas. Los niños aprenderán a hallar la decena en los números de 11 a 19 ($17 = 10 + 7$), a separar números para hallar "partes" ($6 = 4 + 2$), a reconocer si los números son iguales o no, a aplicar los conceptos de *más* y *menos* y a observar las características de las figuras.

Agrupar números y figuras facilita su comprensión. Usted puede ayudar a su niño practicando en casa los conceptos de agrupar. Aquí tiene un ejemplo de una actividad que pueden hacer:

Cuando estén guardando las cosas después de jugar, pida a su niño que separe los objetos en categorías. Háblele de las diferencias de tamaño, forma y color, y ayúdelo a colocar los objetos en grupos según estas características. Por ejemplo, los bloques que aparecen a continuación están agrupados según su tamaño. También se pueden agrupar según su color.

Gracias por su apoyo.

Atentamente,
El maestro de su niño

sumar	debajo
igual	junto a
detrás	entre

El árbol está **debajo** del ave.

$3 + 2 = 5$

El tobogán está **junto al** árbol.

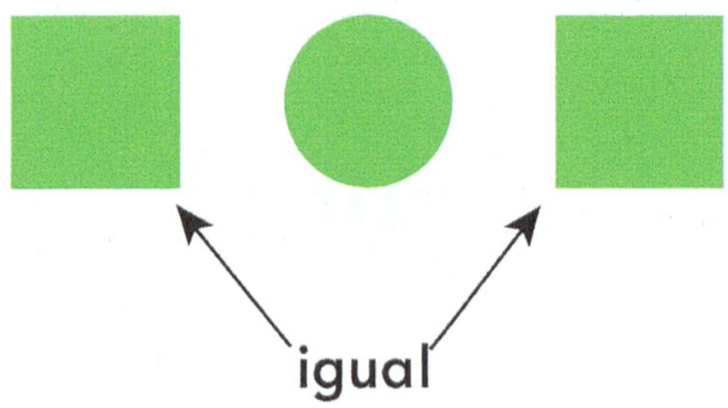

El círculo está **entre** el cuadrado y el triángulo.

El niño está **detrás** de la cerca.

clasificar	signo de igual a (=)
diferente	junto a
moneda de 10¢	signo de no es igual a (≠)

$4 + 4 = 8$
4 más 4 es **igual a** 8.

manzanas

no manzanas

El árbol está **junto al** tobogán.

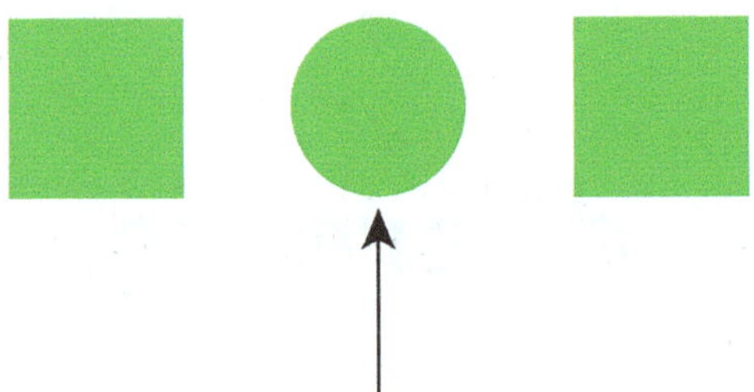

diferente

$6 \neq 8$
6 **no es igual a** 8.

cara reverso

10 centavos o 10¢

ordenar

total

restar

parte desconocida

números del 11 al 19

$4 + 3 = 7$

total

Puedes **ordenar** los animales en grupos.

$3 + 4 = \square$ $3 + \square = 7$

parte desconocida

$8 - 3 = 5$

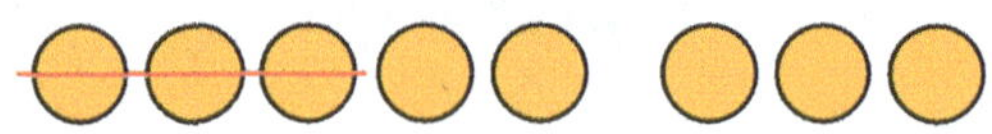

11 12 13 14 15 16 17 18 19

Nombre ______________________________

Colorea cada grupo del 1 al 10 de un color diferente.

1 Conecta los puntos en orden.

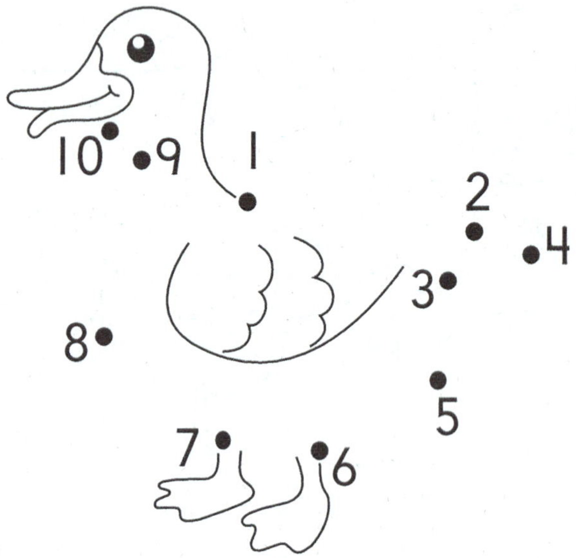

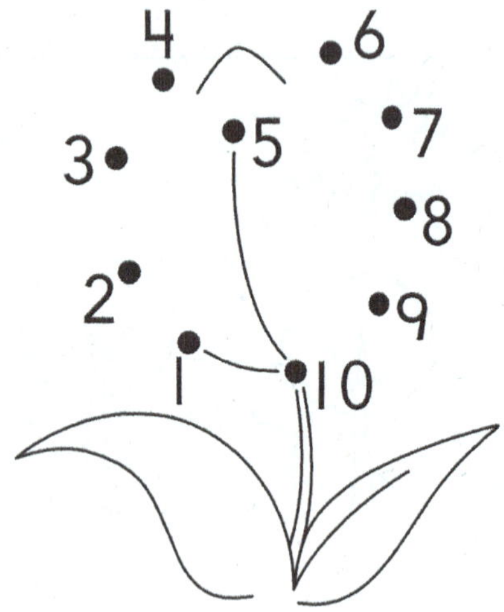

2 Ayuda al Pingüino Confundido.

Mira los números del Pingüino Confundido.

¿Escribió el Pingüino Confundido los números en orden?

1	2	3	4	5	6	8	7	9	10

Escribe los números del 1 al 10 en orden.

Comprobar la comprensión

MAESTRO: ¿Qué número viene después del 4? ☐ ¿Qué número viene antes del 7? ☐

Cortar por las líneas punteadas. **Doblar** por las líneas sólidas y colocar cinta adhesiva en las partes superiores e inferiores.

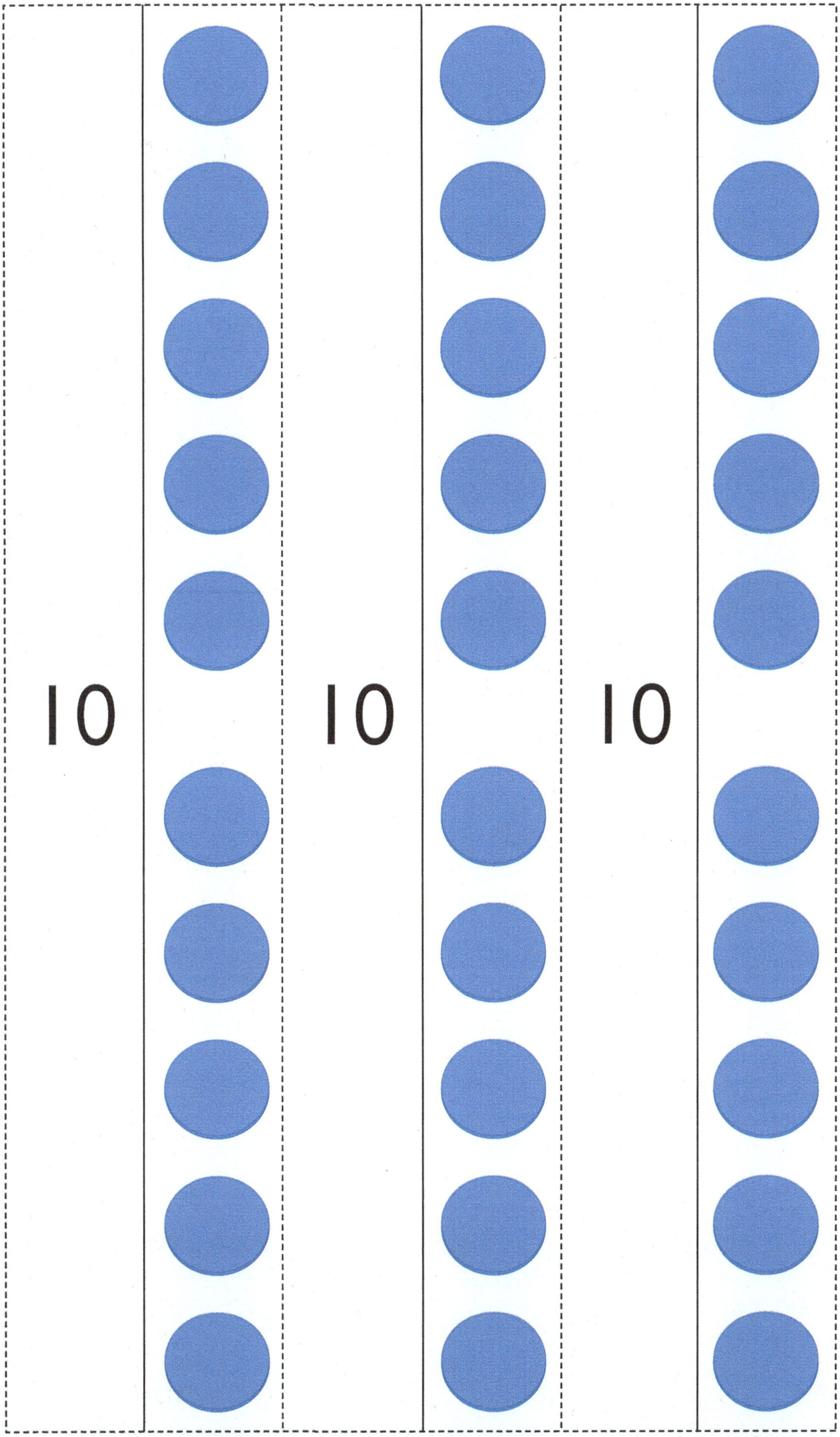

Nombre ____

Conecta los puntos del 1 al 20 y colorea la Mariquita de diez.

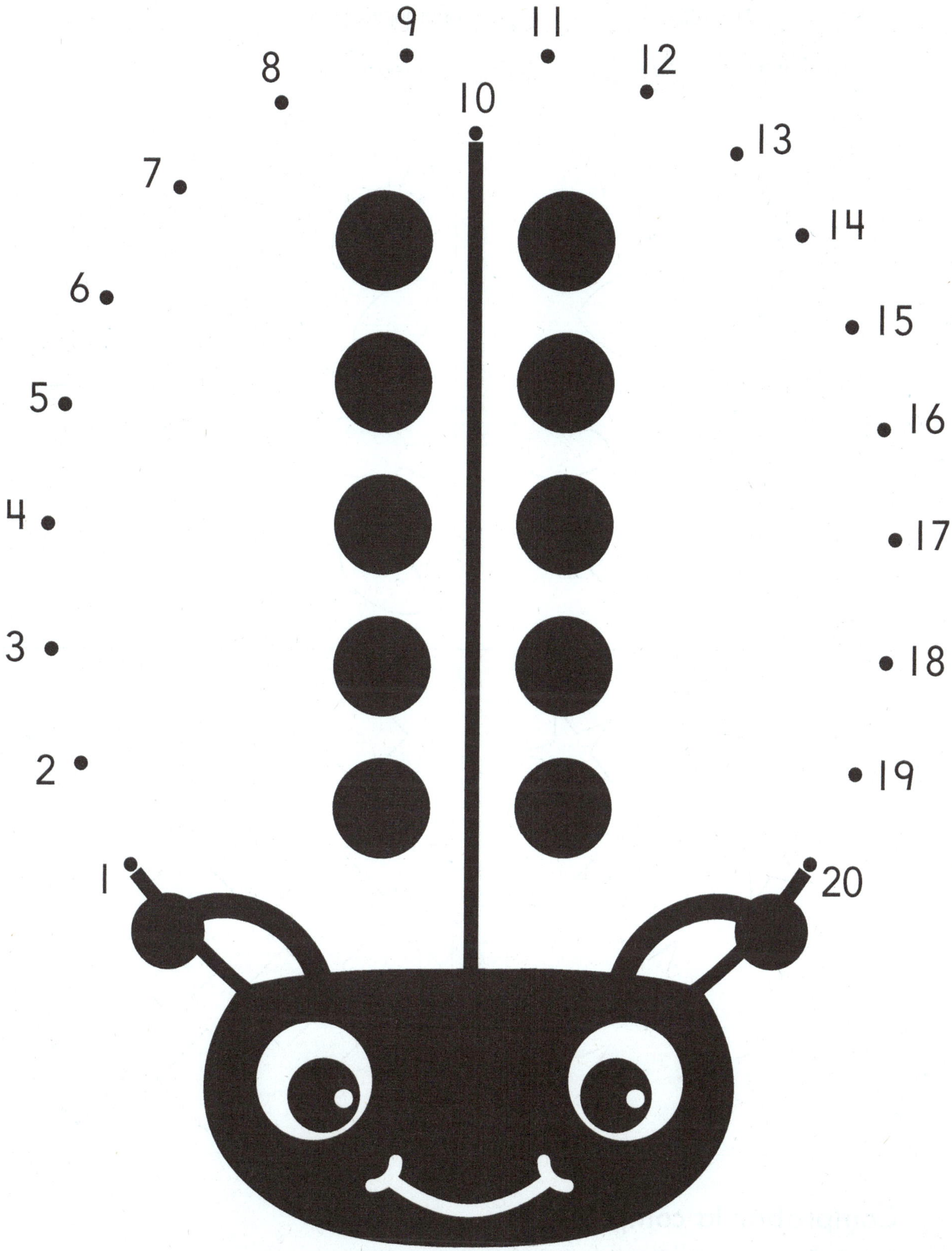

Encierra en un círculo un grupo de 10 en cada cuadrado. Cuenta y colorea los objetos. Usa los colores que se muestran.

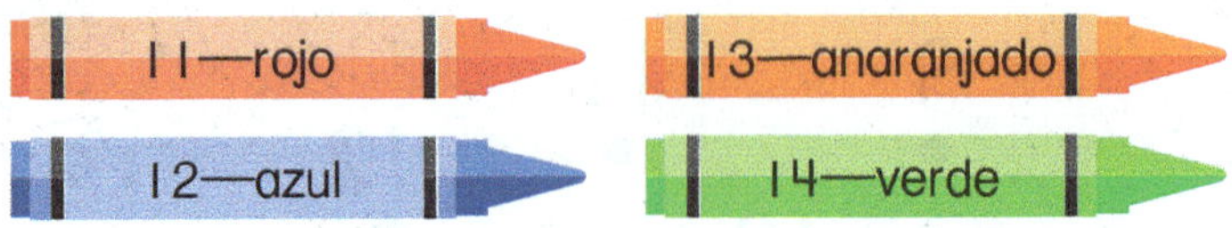

Comprobar la comprensión

MAESTRO: Expliquen cómo les ayudan a contar los grupos de 10.

Dear Family:

Your child is learning about partners of numbers. We call the number pairs that make up a number "partners" because they go together to make that number. For example,

6 has partners: 1 and 5   2 and 4   3 and 3

$6 = 1 + 5$

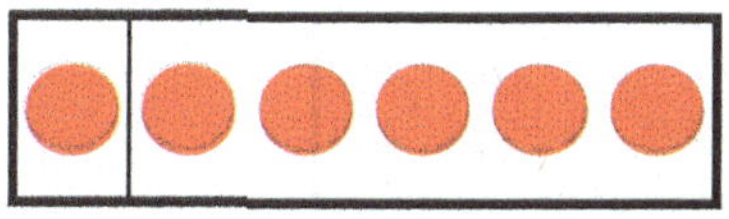

$6 = 2 + 4$

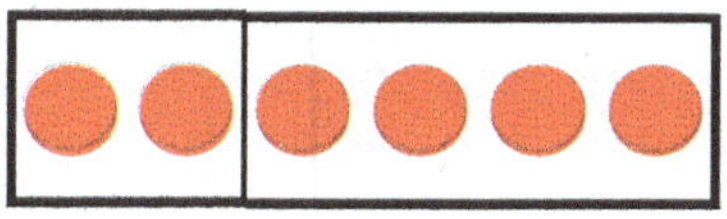

$6 = 3 + 3$

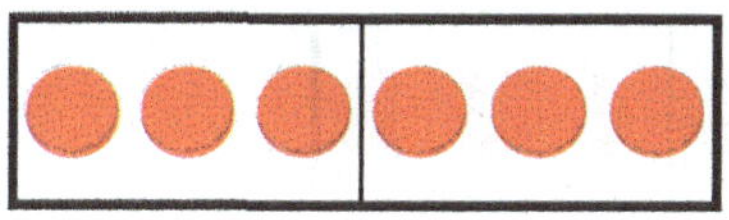

The partner idea is very important for understanding numbers. It will help your child understand addition and subtraction. You can help your child see partners in everyday life. When you have a small number of objects, for example, 5 crackers, you can ask your child to make the partners of 5. Your child can show 1 and 4 crackers and can also show 2 and 3 crackers. Doing this often with different objects will help your child understand numbers.

Thank you!

Sincerely,
Your child's teacher

Estimada familia:

Su niño está aprendiendo sobre las partes de los números. Llamamos "partes" a los pares de números que pueden juntarse para formar un determinado número. Por ejemplo,

6 tiene las partes: 1 y 5 2 y 4 3 y 3

$6 = 1 + 5$

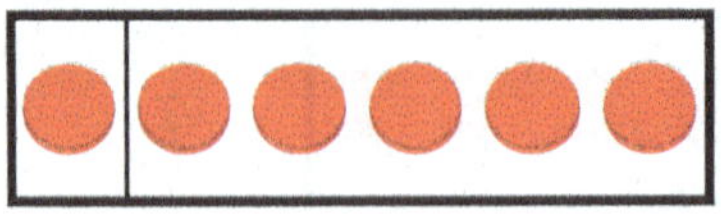

$6 = 2 + 4$

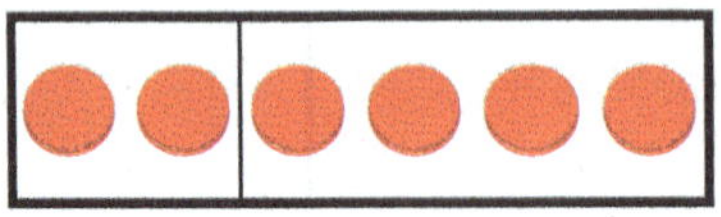

$6 = 3 + 3$

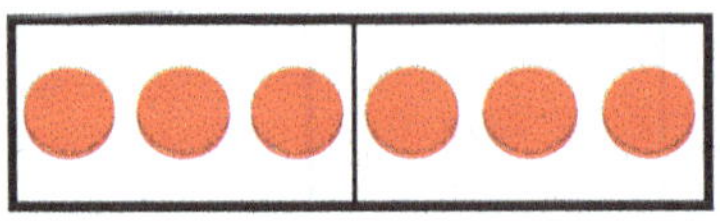

La idea de las partes es muy importante para entender los números. Ayudará a su niño a entender la suma y la resta. Ud. puede ayudar a su niño a ver partes en la vida diaria. Cuando tenga un pequeño número de objetos, por ejemplo 5 galletas, puede pedirle a su niño que muestre las partes de 5. Su niño puede mostrar 1 galleta y 4 galletas y también 2 galletas y 3 galletas. Hacer esto a menudo con distintos objetos puede ayudar a su niño a entender los números.

¡Gracias!

Atentamente,
El maestro de su niño

Nombre ______________________________

Escribe las partes del 4.

1

$4 = \square + \square$

2

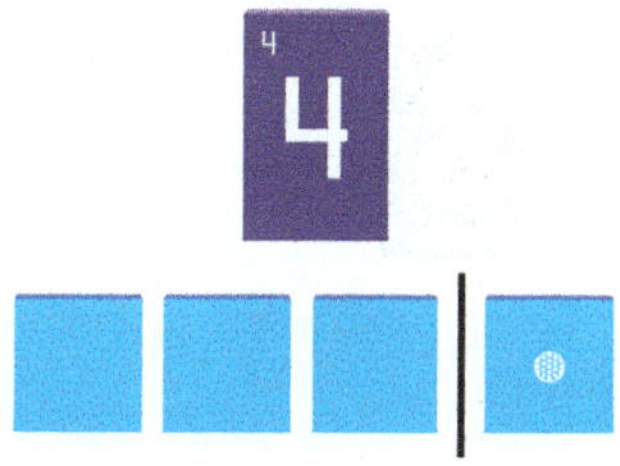

$4 = \square + \square$

Escribe las partes del 5.

3

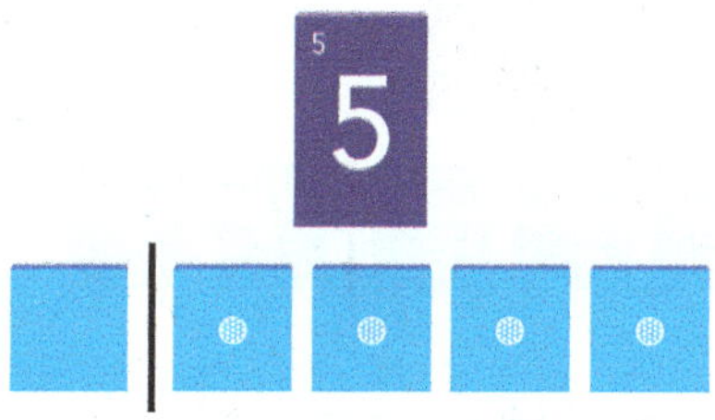

$5 = \square + \square$

4

$5 = \square + \square$

5

$5 = \square + \square$

6

$5 = \square + \square$

Escribe las partes del 6.

7

6 = ☐ + ☐

8

6 = ☐ + ☐

9
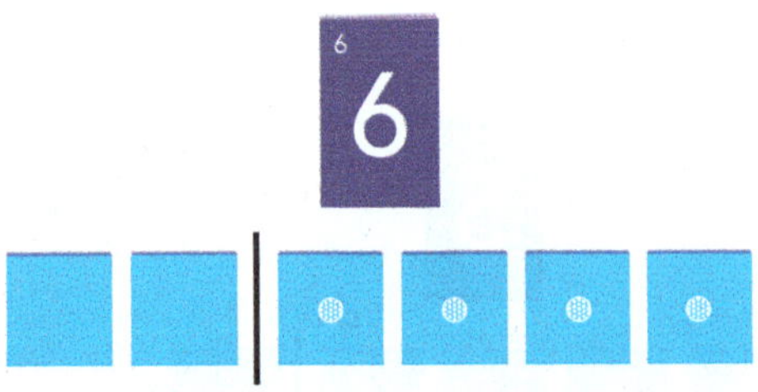

6 = ☐ + ☐

10
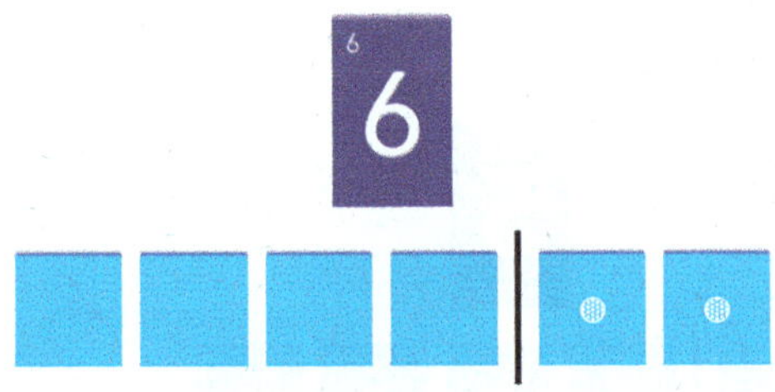

6 = ☐ + ☐

11

6 = ☐ + ☐

Comprobar la comprensión

MAESTRO: Expliquen por qué no hay partes cambiadas para 6 = 3 + 3.

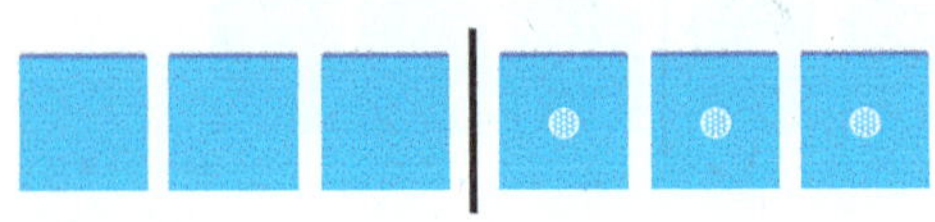

Nombre ______________________________

Cuenta cuántos hay. Escribe el número.

1

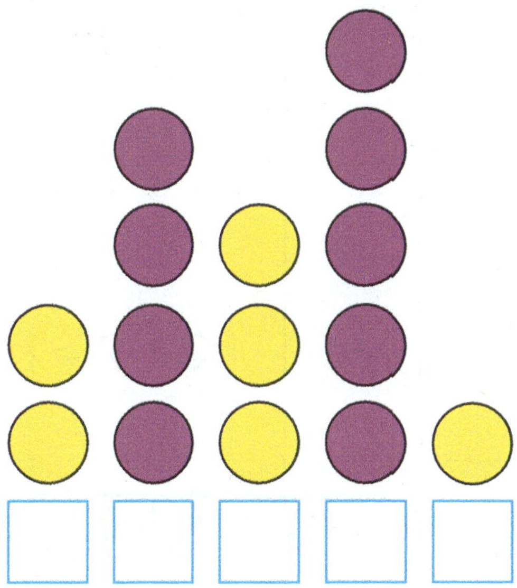

2

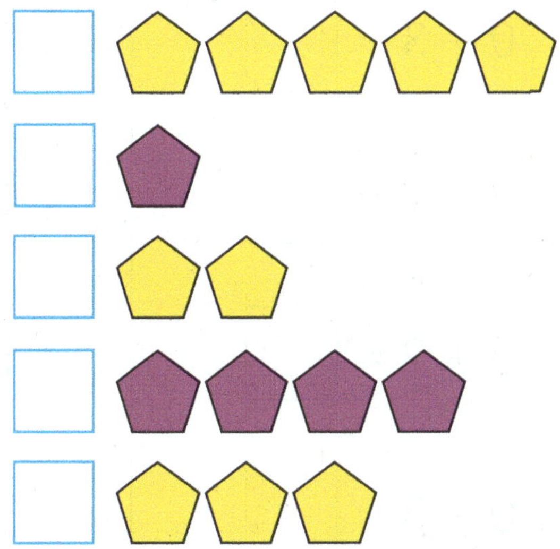

3

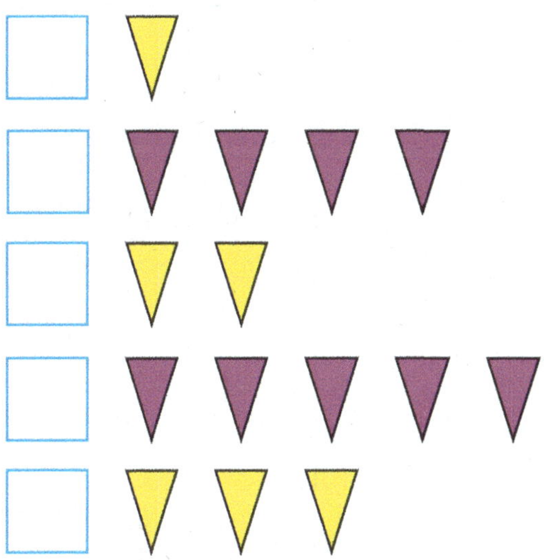

4

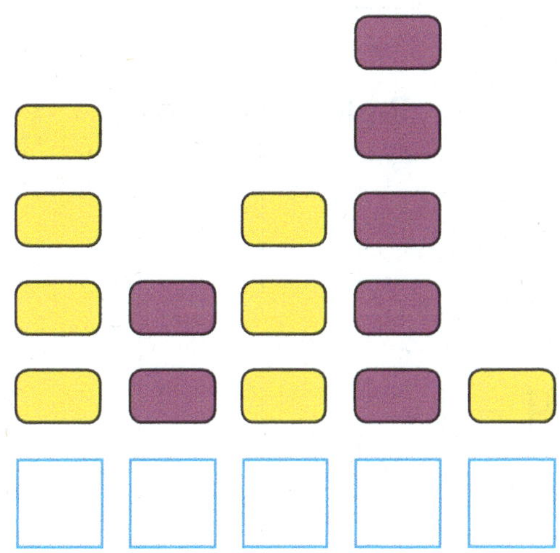

5 Escribe los números del 1 al 10.

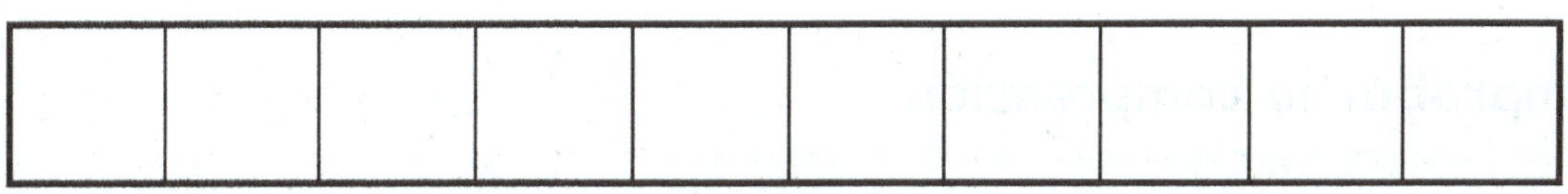

VOCABULARIO
sumar
restar

6 Camino al conocimiento **Suma** los números.

$0 + 3 = \square$

$2 + 1 = \square$

$0 + 2 = \square$

$0 + 3 = \square$

$4 + 1 = \square$

$2 + 0 = \square$

$1 + 4 = \square$

$1 + 2 = \square$

$3 + 1 = \square$

$5 + 0 = \square$

$4 + 0 = \square$

$1 + 1 = \square$

$2 + 2 = \square$

$2 + 3 = \square$

$1 + 4 = \square$

7 Camino al conocimiento **Resta** los números.

$3 - 0 = \square$

$4 - 1 = \square$

$5 - 2 = \square$

$3 - 3 = \square$

$2 - 0 = \square$

$5 - 1 = \square$

$4 - 2 = \square$

$5 - 3 = \square$

$4 - 0 = \square$

$1 - 1 = \square$

$3 - 2 = \square$

$4 - 3 = \square$

Comprobar la comprensión

MAESTRO: Expliquen lo que significa el signo de + y el signo de –.

Dear Family:

When children first start counting, they count objects one at a time. Helping children see 5-groups and 10-groups enables them to understand larger (greater) numbers. We are learning that if we can see groups of objects as 5-groups and 10-groups, then we can understand greater numbers. Children learn to make these groups with objects. Later, they will see them as organized groups in their minds.

Your child is learning that the teen numbers 11, 12, 13, 14, 15, 16, 17, 18, and 19 each have a 10 inside: $11 = 10 + 1$, $12 = 10 + 2$, and so on through $19 = 10 + 9$.

Have your child practice counting groups of objects. Your child can find and separate the 10-group from the total quantity to see the 10 hiding inside the teen number.

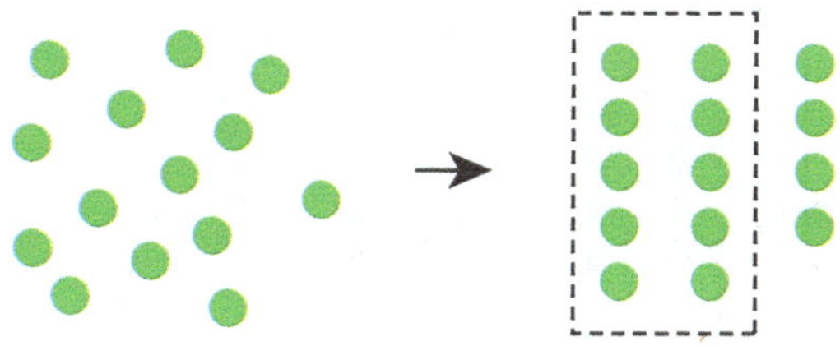

fourteen is ten and four

Your child can then show this number by using the number cards.

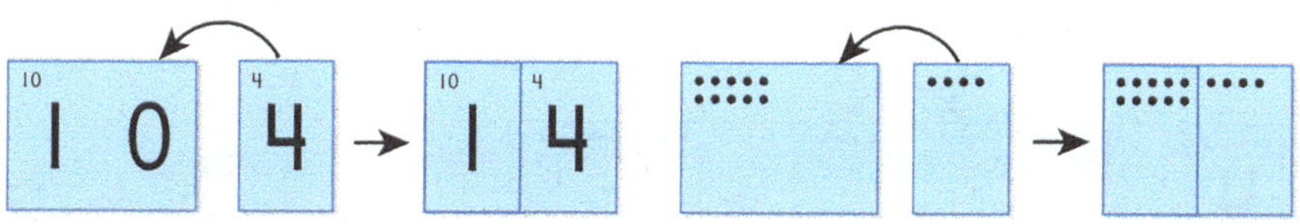

Thank you for your cooperation!

Sincerely,
Your child's teacher

Estimada familia:

Cuando los niños empiezan a contar, suelen contar los objetos uno por uno. Ayudarlos a ver los objetos en grupos de 5 y grupos de 10, les facilita el aprendizaje de números más grandes (mayores). Estamos aprendiendo que si podemos ver grupos de objetos como grupos de 5 y grupos de 10, entonces podemos entender números más grandes. Los niños aprenden a formar estos grupos con objetos. Más adelante, los verán mentalmente como grupos organizados.

Su niño está aprendiendo que los números 11, 12, 13, 14, 15, 16, 17, 18 y 19 contienen 10: $11 = 10 + 1$, $12 = 10 + 2$, y así sucesivamente, hasta $19 = 10 + 9$.

Pida a su niño que practique contando grupos de objetos. Su niño puede separar el grupo de 10 de la cantidad total, para ver el 10 escondido en los números de 11 a 19.

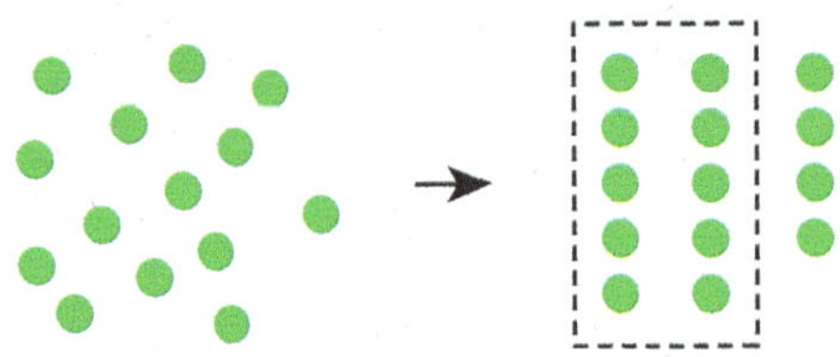

catorce es diez más cuatro

Después, su niño puede mostrar este número usando las tarjetas de números.

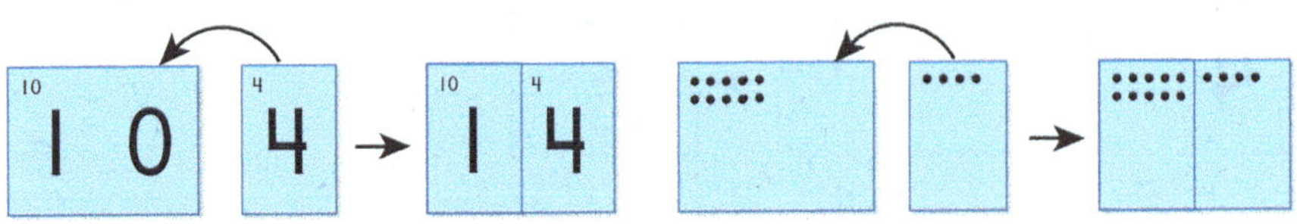

¡Gracias por su colaboración!

Atentamente,
El maestro de su niño

At Home Number Cards.

Tarjetas de números para practicar en casa

1 1	2 2	3 3	4 4	5 5
6 6	7 7	8 8	9 9	10 10

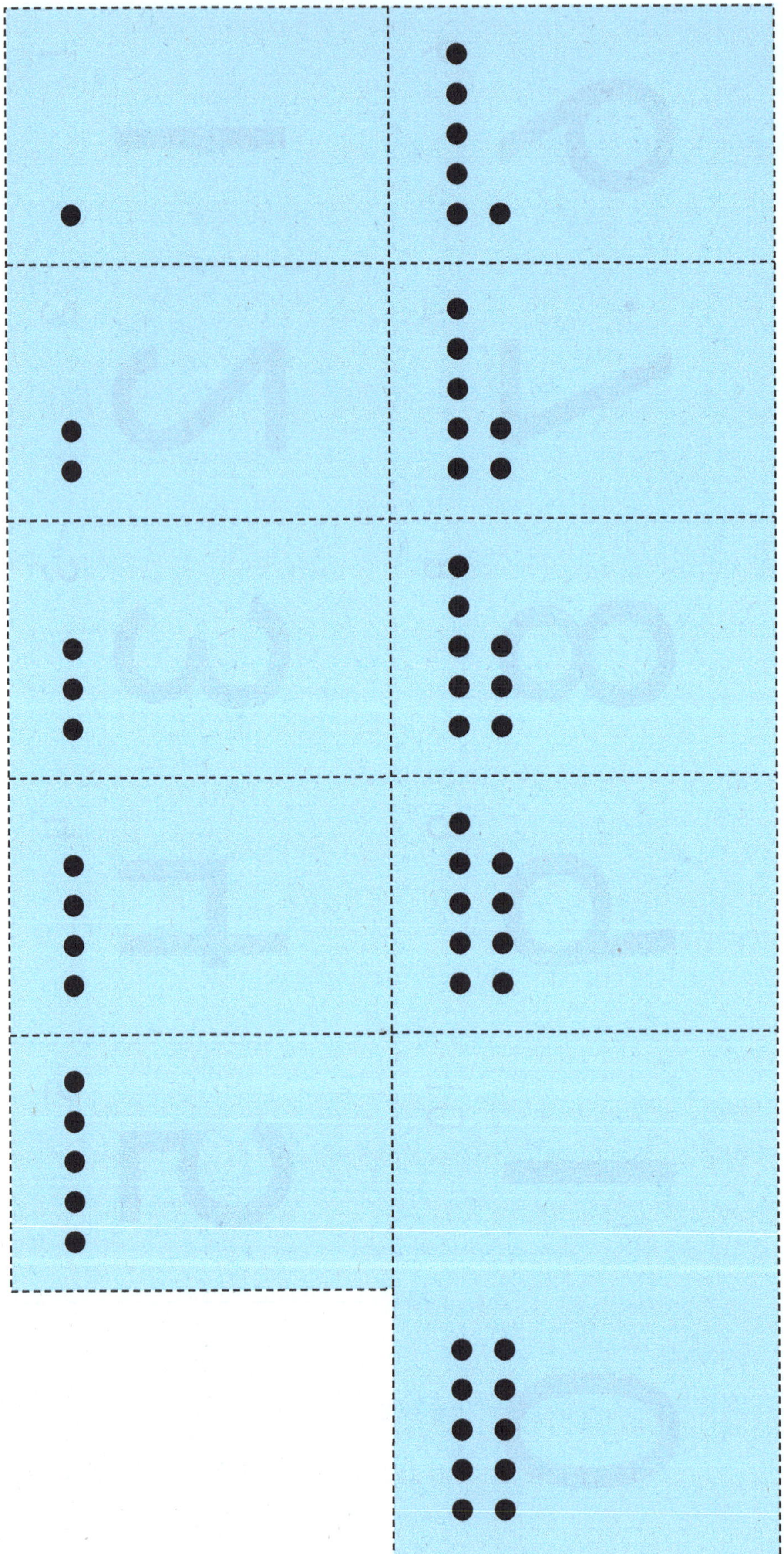

Nombre ______________________________

1 Dibuja los círculos en el Desfile de números. Usa un grupo de 5.

6	7	8	9	10

2 Usa el grupo de 5. Dibuja para mostrar el número.

9 = ○○○○○

6 = ○○○○○

8 = ○○○○○

10 = ○○○○○

7 = ○○○○○

3 Escribe el número.

☐ = ○○○○○ ○○○○

☐ = ○○○○○ ○○○○

☐ = ○○○○○

☐ = ○○○○○ ○○○

☐ = ○○○○

☐ = ○○○○○ ○○

☐ = ○○○○○ ○

☐ = ○○○○○ ○

☐ = ○○

☐ = ○○○○○ ○○

☐ = ○○○○○ ○○○

☐ = ○○○

4 Escribe el número 11.

11

11

5 Escribe el número 12.

12

12

6 Camino al conocimiento Suma los números.

2 + 0 = ☐	0 + 3 = ☐	5 + 0 = ☐
2 + 2 = ☐	1 + 2 = ☐	2 + 3 = ☐

7 Camino al conocimiento Resta los números.

4 − 0 = ☐	2 − 1 = ☐	3 − 1 = ☐
4 − 2 = ☐	5 − 2 = ☐	5 − 3 = ☐

Comprobar la comprensión

MAESTRO: Dibujen 10 objetos usando grupos de 5.

Dear Family:

When children first learn to write numbers, emphasis is placed on forming the numbers correctly. Children begin by tracing, and then are provided with starting points for their pencils. Learning the correct technique helps children learn to write numbers neatly and consistently.

After awhile, children no longer need these hints and are able to write without guide lines or starting points. It is easier for many children to write smaller figures, since they have greater control of the writing tool. With practice, children will gain confidence and speed in writing numbers.

In Unit 3, children continue to practice writing numbers, including 2-digit numbers from 11 to 20. They are already familiar with the individual numbers they will be using. When writing 2-digit numbers, children learn the proper placement and spacing between numbers. The numbers should not be too close together or too far apart, but just the right distance to be read and understood.

Please help and encourage your child as he or she learns to write numbers. This will take time and practice.

Thank you!

Sincerely,
Your child's teacher

Estimada familia:

Cuando los niños aprenden a escribir los números, se enfatiza que deben trazarlos correctamente. Se comienza calcando y luego, se les proporcionan puntos desde donde deben comenzar con sus lápices. Aprender la técnica exacta les servirá a los niños para escribir consistentemente los números de manera correcta.

Después de un tiempo, ya no necesitan estas pistas y pueden escribir sin líneas que les guíen y sin puntos donde comenzar. Es más fácil para muchos niños trazar números pequeños, ya que así tienen más control del instrumento de escritura. Con práctica, los niños adquirirán confianza y velocidad para escribir los números.

En la Unidad 3, los niños continúan practicando la escritura de números, incluyendo los números de 2 dígitos del 11 al 20. Ya están familiarizados con los números individuales que estarán usando. Al escribir números de 2 dígitos, deben aprender su colocación correcta y la distancia correcta que debe haber entre los dígitos. No deben estar demasiado juntos ni demasiado separados, la distancia debe ser adecuada para poder leerlos y comprenderlos.

Por favor ayude a su niño a escribir los números. Esto requerirá tiempo y práctica. Anímelo y apóyelo durante el aprendizaje.

¡Gracias!

Atentamente,
El maestro de su niño

Nombre ______________________________

1 Escribe el número 13.

13 13 13 13 13 13

13

13

13

13

2 Escribe el número 14.

14 14 14 14 14 14

14

14

14

14

3 Camino al conocimiento Suma los números.

$0 + 2 = \square$	$1 + 0 = \square$	$0 + 5 = \square$
$3 + 1 = \square$	$1 + 3 = \square$	$0 + 1 = \square$
$2 + 3 = \square$	$2 + 1 = \square$	$3 + 2 = \square$
$0 + 4 = \square$	$4 + 1 = \square$	$5 + 0 = \square$

4 Camino al conocimiento Resta los números.

$1 - 0 = \square$	$4 - 0 = \square$	$2 - 0 = \square$
$5 - 1 = \square$	$3 - 1 = \square$	$4 - 1 = \square$
$5 - 3 = \square$	$4 - 3 = \square$	$3 - 3 = \square$
$4 - 4 = \square$	$5 - 5 = \square$	$5 - 4 = \square$

Comprobar la comprensión

MAESTRO: Dibujen 4 puntos y un palito para separar. Luego escriban una ecuación que se corresponda.

Nombre ______________________________

1 Dibuja los círculos en el Desfile de números. Usa un grupo de 5.

6	7	8	9	10

2 Usa el grupo de 5. Dibuja para mostrar el número.

6 = ○○○○○

7 = ○○○○○

8 = ○○○○○

9 = ○○○○○

10 = ○○○○○

3 Escribe el número.

☐ = ○○○

☐ = ○○○○○ ○○

☐ = ○○○○○ ○○○○

☐ = ○○○○○ ○

☐ = ○○

☐ = ○○○○○ ○○

☐ = ○○○○○ ○○○

☐ = ○○○○

☐ = ○○○○○ ○

☐ = ○○○○○ ○○○○

☐ = ○○○○○ ○○○○○

☐ = ○○○○○

4 Escribe el número 15.

15

15

5 Escribe el número 16.

16

16

6 Camino al conocimiento Suma los números.

5 + 0 = ☐	0 + 3 = ☐	4 + 0 = ☐
2 + 2 = ☐	3 + 2 = ☐	1 + 4 = ☐

7 Camino al conocimiento Resta los números.

3 − 0 = ☐	1 − 0 = ☐	2 − 0 = ☐
2 − 1 = ☐	5 − 1 = ☐	3 − 1 = ☐
5 − 2 = ☐	5 − 4 = ☐	4 − 2 = ☐

Comprobar la comprensión

MAESTRO: Hagan un dibujo para mostrar 2 + 3.

Nombre ______________________________

Usa un grupo de 10.

Escribe las partes.

1

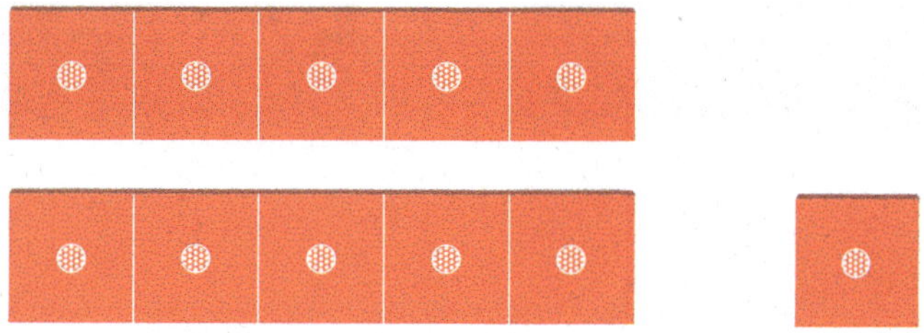

11 = ☐ + ☐

2

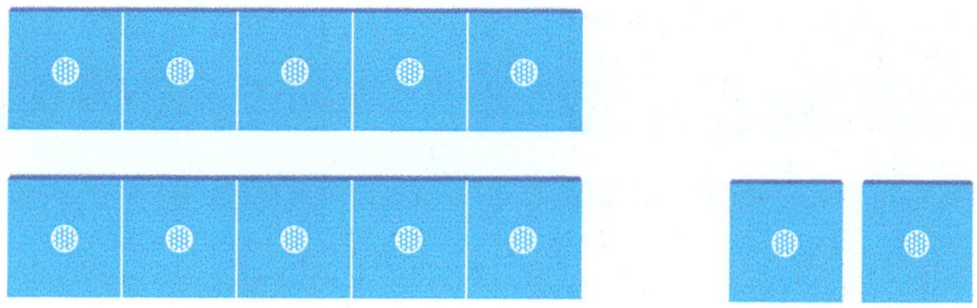

12 = ☐ + ☐

3

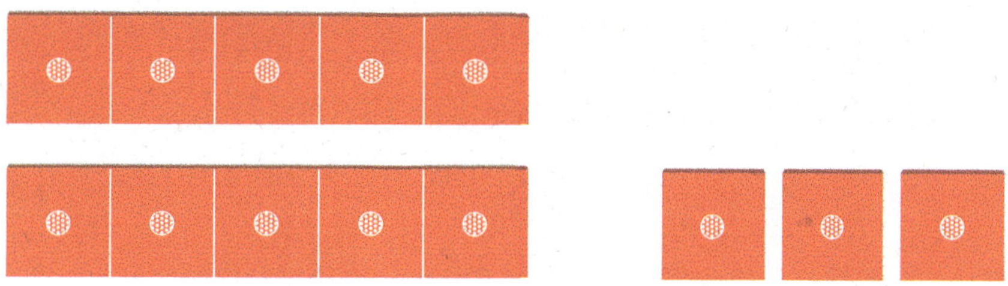

13 = ☐ + ☐

4

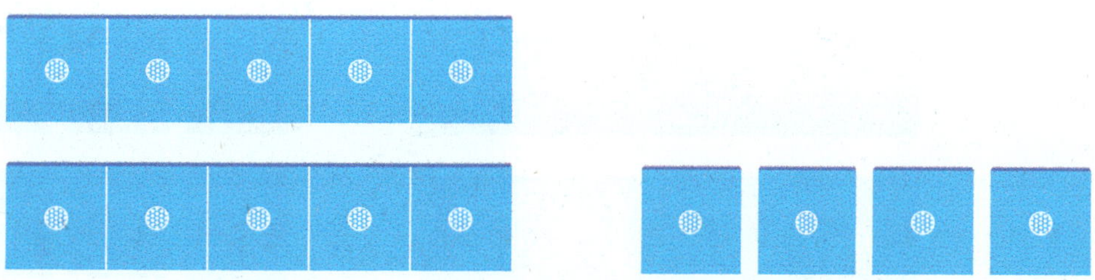

14 = ☐ + ☐

Usa un grupo de 10.

Escribe las partes.

5

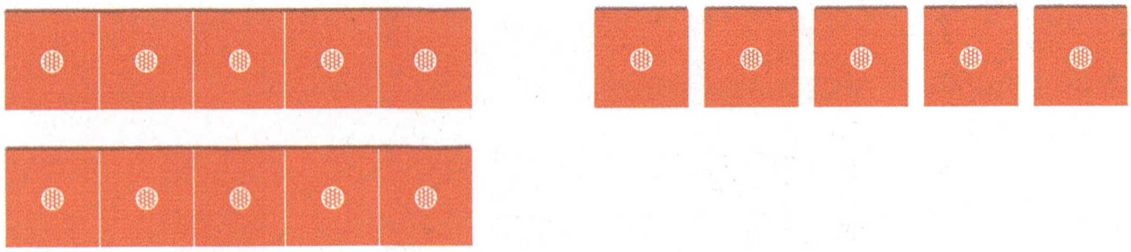

15 = ☐ + ☐

6

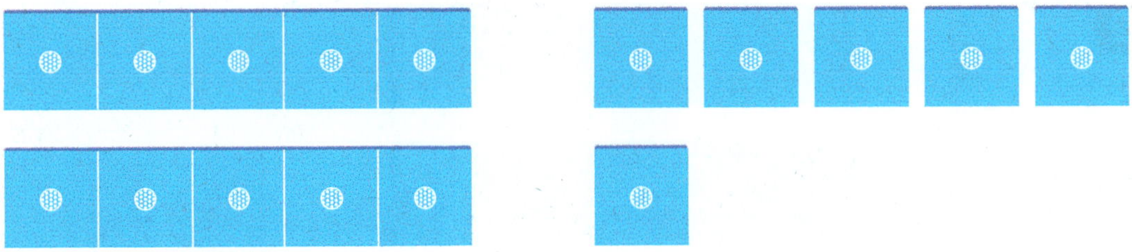

16 = ☐ + ☐

7

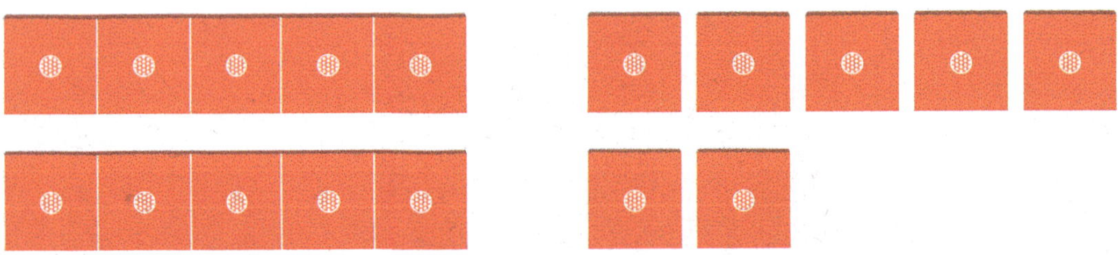

17 = ☐ + ☐

8

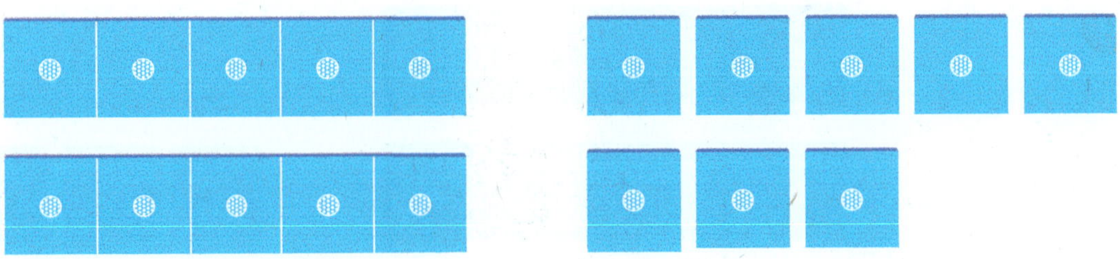

18 = ☐ + ☐

Cortar en las líneas punteadas. Doblar las líneas sólidas y colocar cinta adhesiva en las partes inferiores y superiores.

Tiras de monedas de 10¢, monedas de 10¢, 5¢ y 1¢

Nombre ____________________

VOCABULARIO
moneda de 10¢

Una **moneda de 10¢** vale 10¢.

9 Escribe el número de centavos.

☐ ¢

☐ ¢

☐ ¢

☐ ¢

☐ ¢

☐ ¢

☐ ¢

☐ ¢

☐ ¢

10 Usa una moneda de 10¢ y algunas monedas de 1¢.
Haz un dibujo para mostrar las monedas.
Escribe el número de monedas.

14¢ ☐ moneda de 10¢ ☐ monedas de 1¢	18¢ ☐ moneda de 10¢ ☐ monedas de 1¢
16¢ ☐ moneda de 10¢ ☐ monedas de 1¢	12¢ ☐ moneda de 10¢ ☐ monedas de 1¢
13¢ ☐ moneda de 10¢ ☐ monedas de 1¢	15¢ ☐ moneda de 10¢ ☐ monedas de 1¢

Comprobar la comprensión

MAESTRO: Dibujen monedas para mostrar 19¢.

Nombre ______________________________

Construye la figura.

1

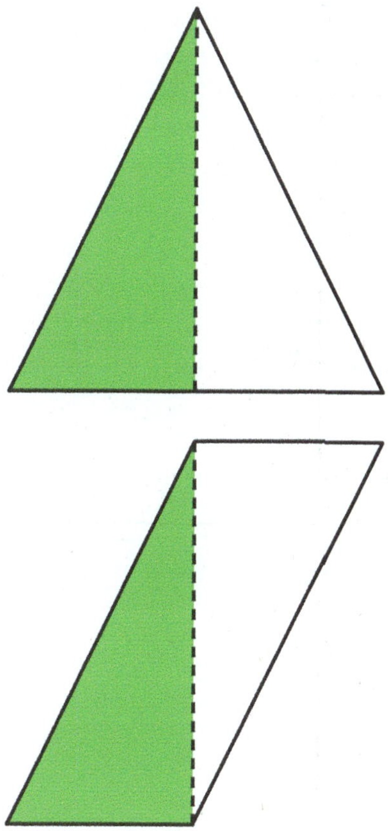

2

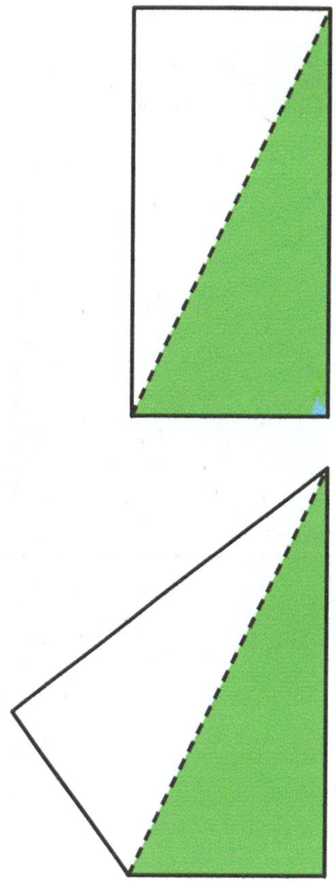

3

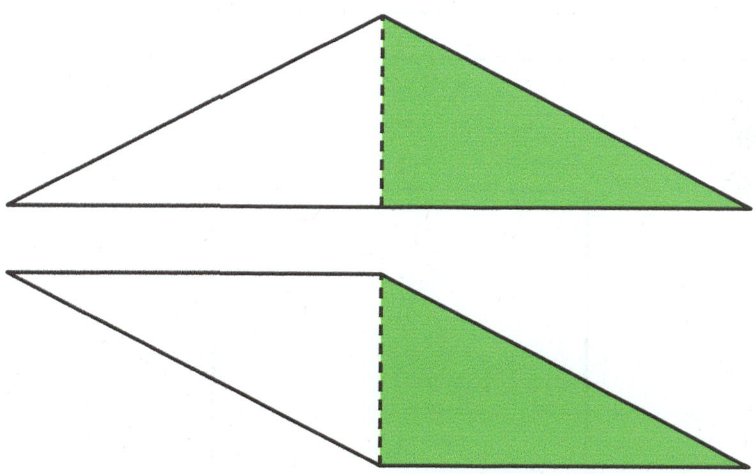

Construye. Traza las figuras. Colorea.

4 Usa 4 .

5 Usa 4 .

6 Usa 1 y 1 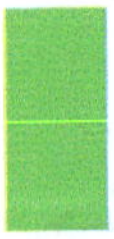.

Nombre ____________________

Construye. Traza las figuras. Colorea.

7

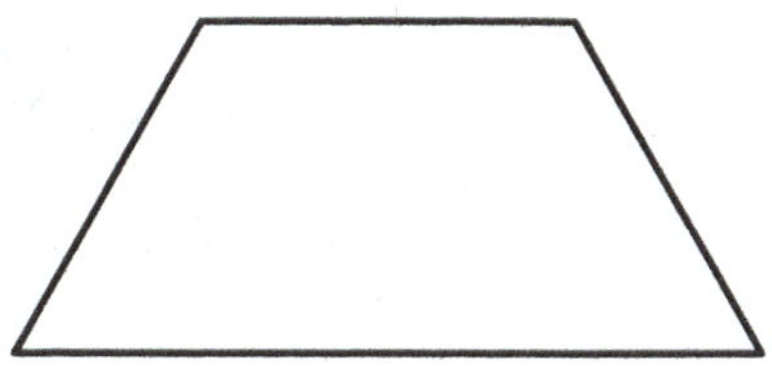

8

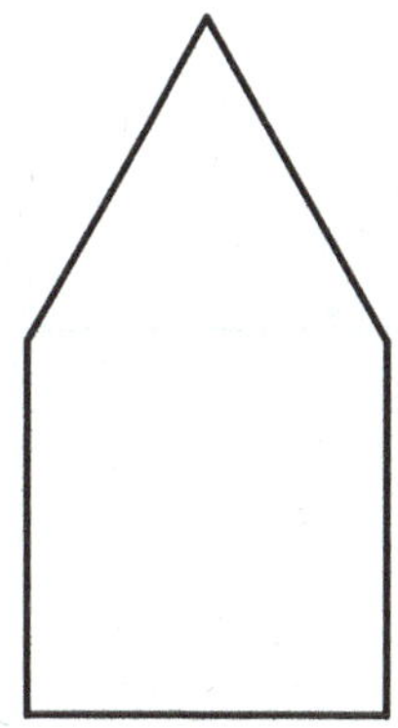

9

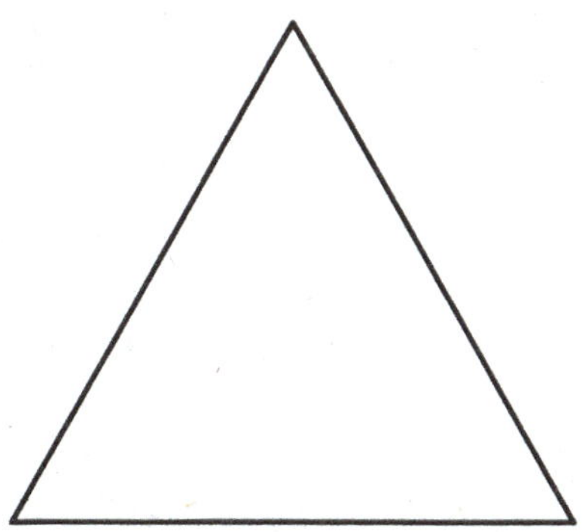

10

Construye. Traza las figuras. Colorea.

11

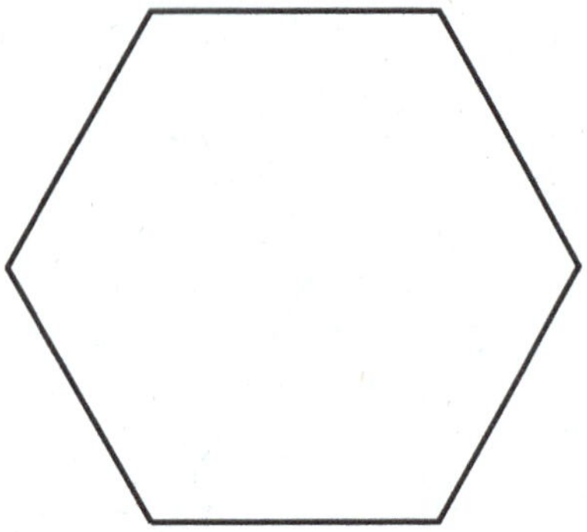

12

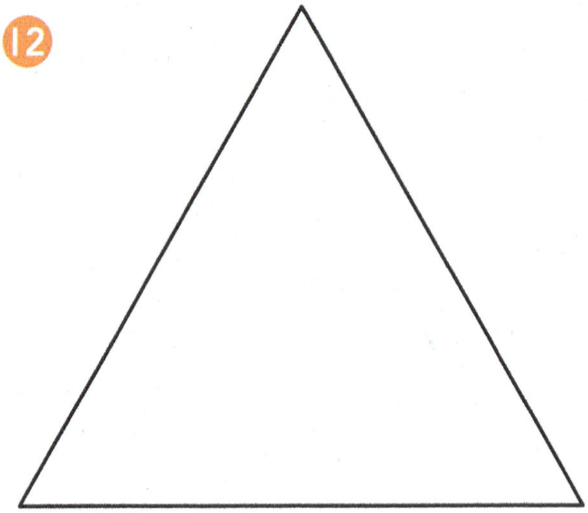

Construye una figura. Traza el contorno de la figura.

13

Comprobar la comprensión

MAESTRO: Encierren en un círculo las figuras que podrían usar para formar esta figura.

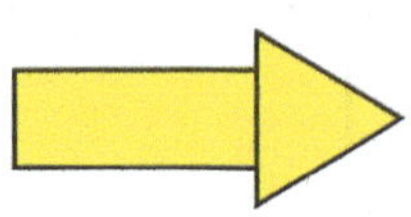

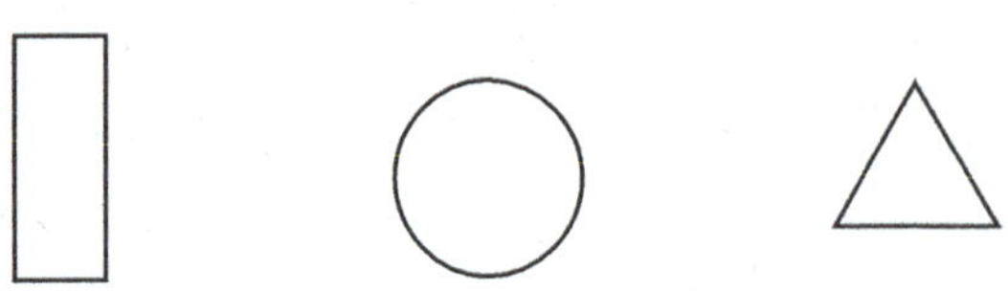

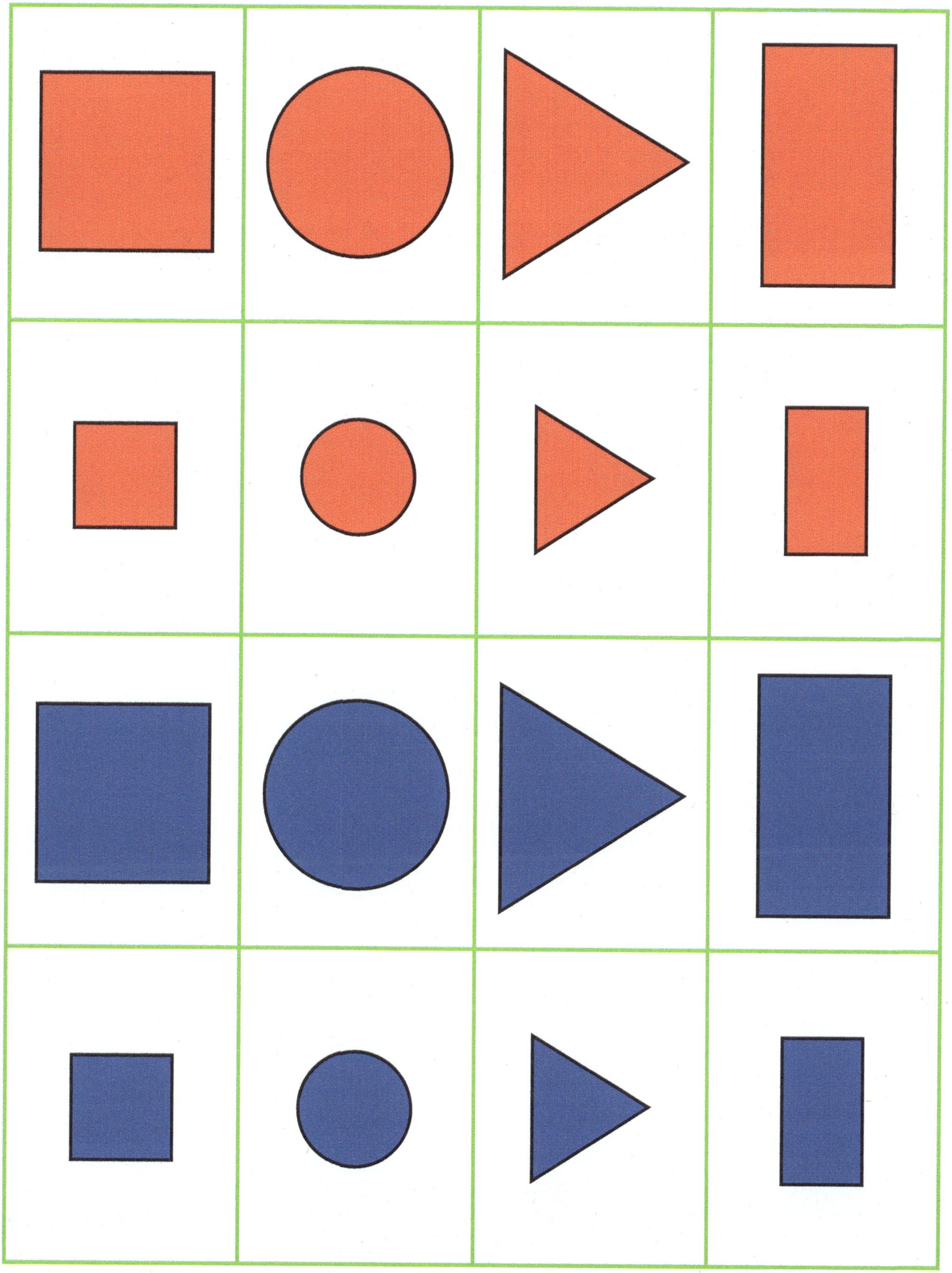

Nombre ______________________________

1 Colorea de rojo los círculos.

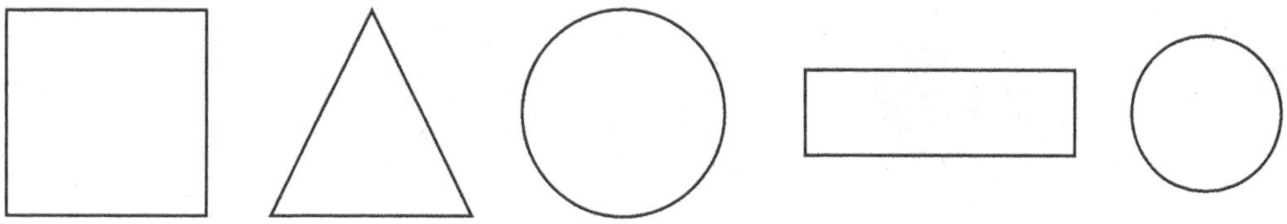

2 Colorea de azul los cuadrados.

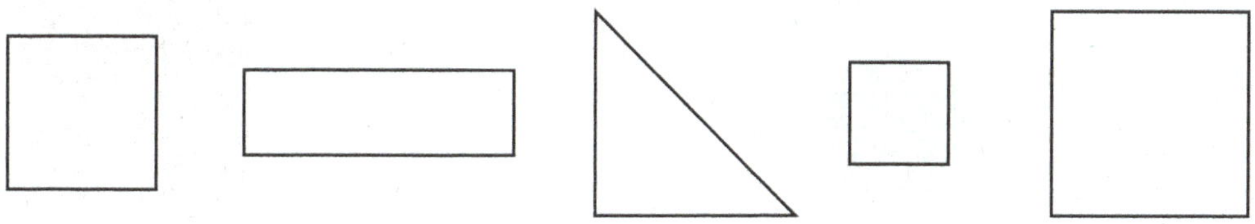

3 Colorea de verde los triángulos.

4 Colorea de morado los rectángulos.

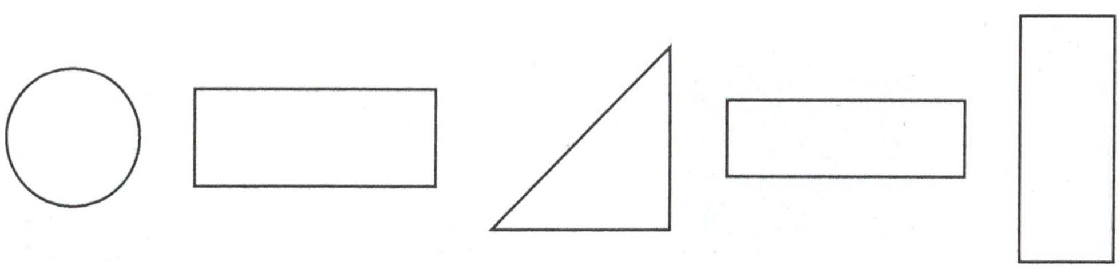

5 Colorea de anaranjado todas las figuras con 4 lados.

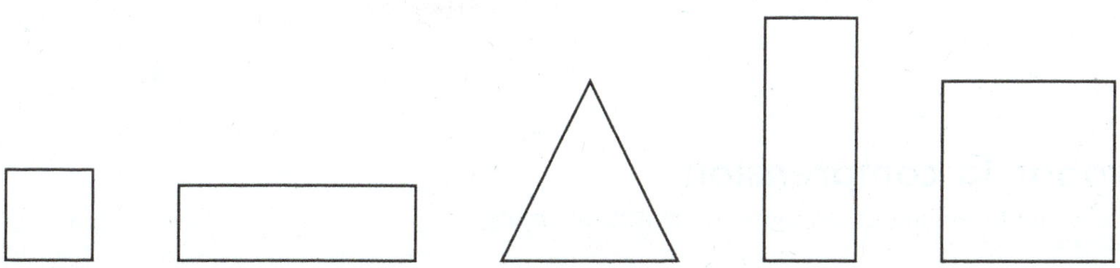

Encierra en un círculo los cuadrados.

Dibuja una línea debajo de las figuras verdes.

Comprobar la comprensión

MAESTRO: Nombren tres maneras diferentes de clasificar objetos.

Nombre ______________________________

1. Dibuja círculos para los números del 1 al 10. Muestra los grupos de 5.

1	
2	
3	
4	
5	
6	
7	
8	
9	
10	

2. Usa el grupo de 5. Dibuja para mostrar el número.

9 = ○○○○○　　7 = ○○○○○

8 = ○○○○○　　10 = ○○○○○

6 = ○○○○○　　9 = ○○○○○

7 = ○○○○○　　8 = ○○○○○

3. Cuentas cuántos hay. Escribe el número.

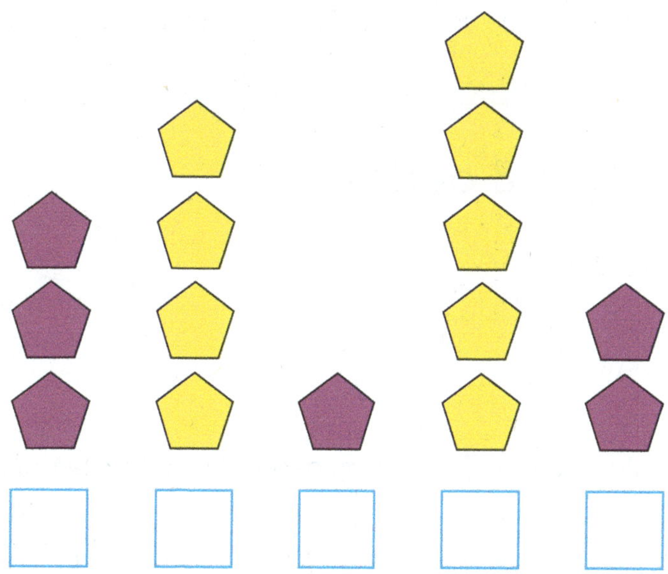

Ayuda al Pingüino Confundido.

4 Mira las respuestas del Pingüino Confundido.

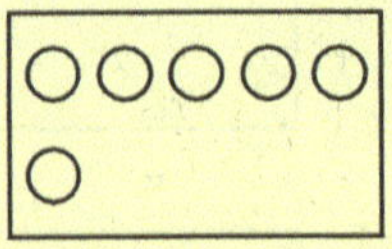 = 6

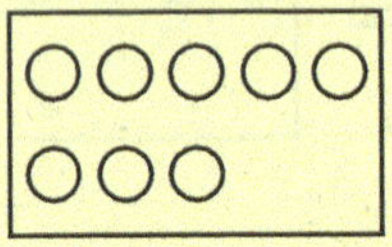 = 9

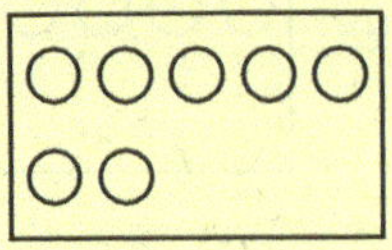 = 7

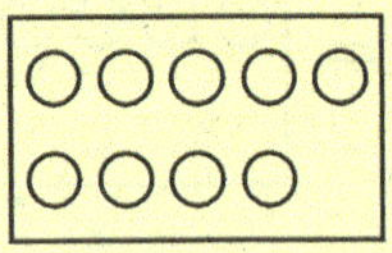 = 8

5 Mira lo que escribió el Pingüino Confundido.

8 dedos

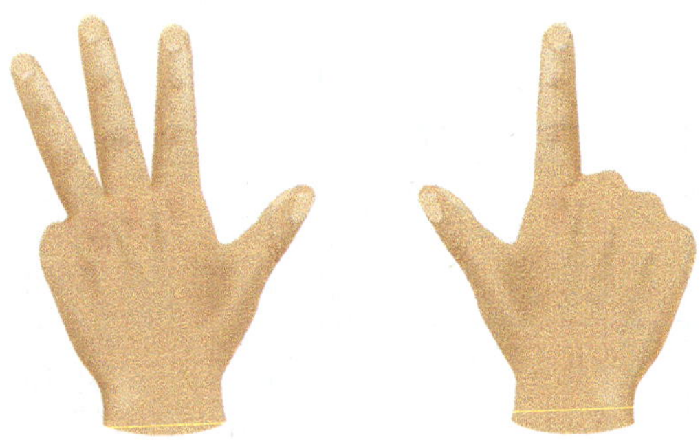

Muestra 4 + 2 usando tu dedos de una manera diferente.

______ dedos

Comprobar la comprensión

MAESTRO: Cuenten una historia que tenga un total de 9. Hagan un dibujo que concuerde.

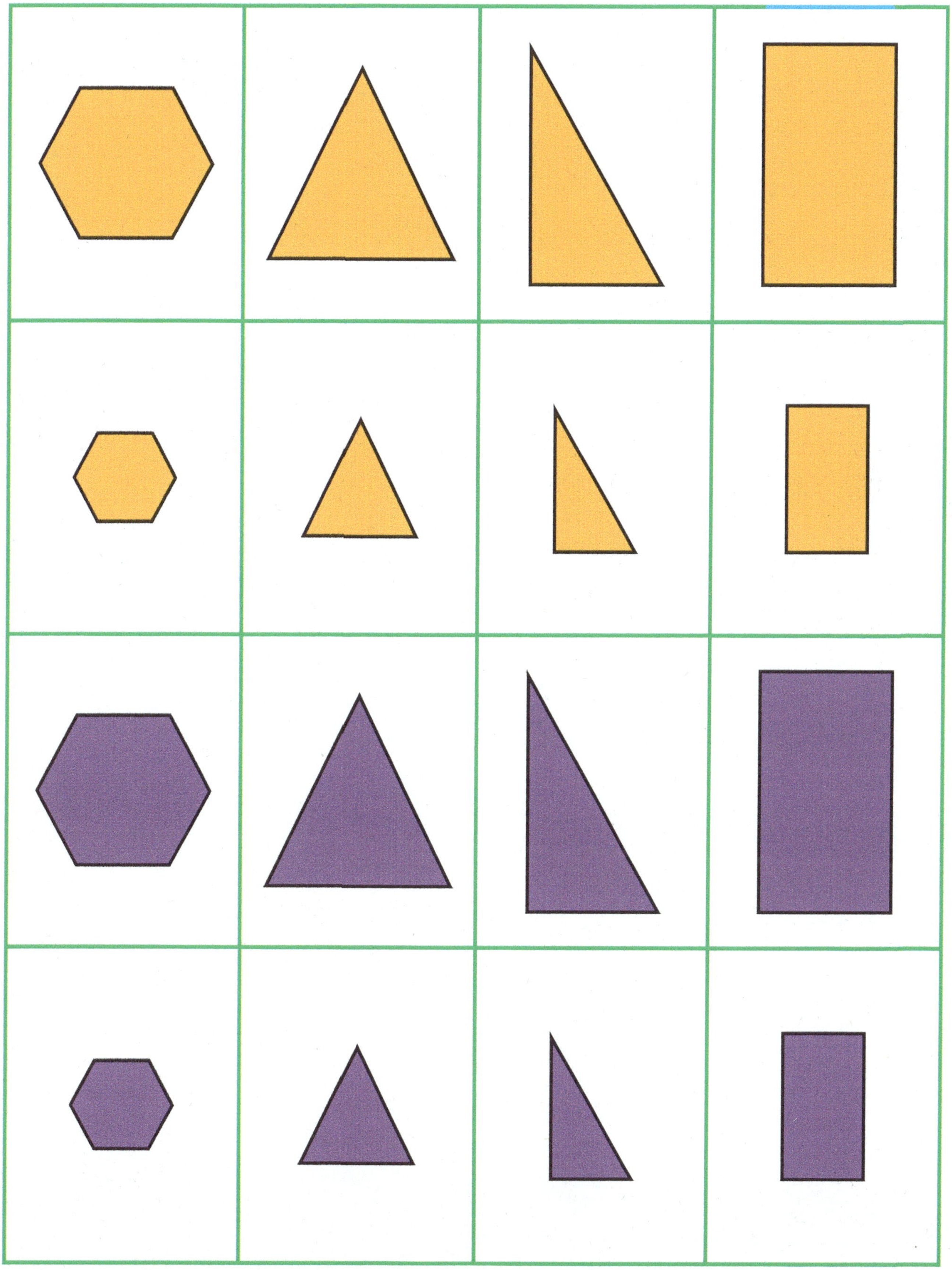

Nombre ______________________________

VOCABULARIO
signo de igual a (=)
signo de no es igual a (≠)

1 Dibuja círculos para mostrar 1 a 10. Muestra el grupo de 5.

1	2	3	4	5	6	7	8	9	10
								○○○○○ ○○○○	

2 Escribe cada número y el **signo de igual a (=)** o el **signo de no es igual a (≠)**.

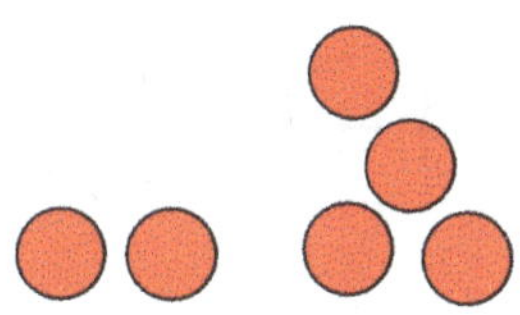

2 ≠ 4

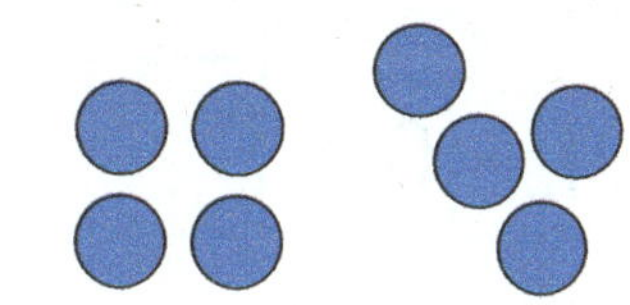

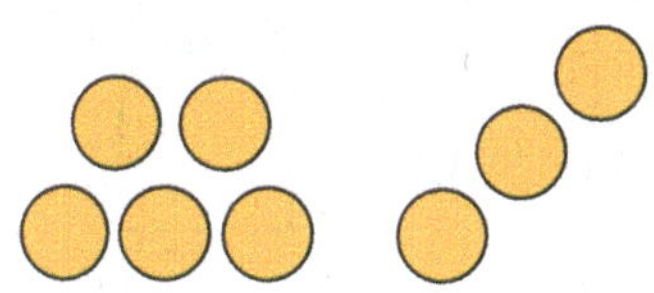

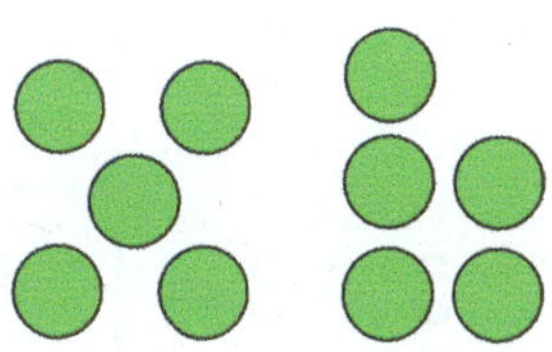

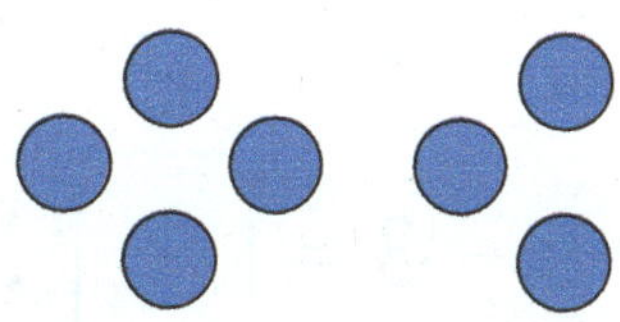

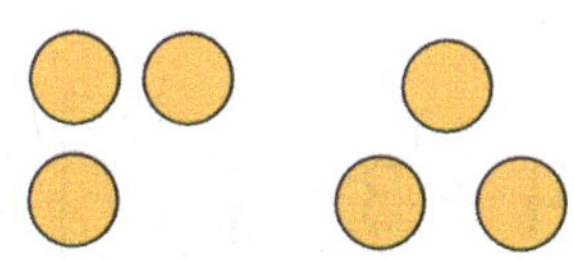

3 Camino al conocimiento Suma los números.

0 + 4 = ☐	0 + 0 = ☐	4 + 1 = ☐
2 + 2 = ☐	2 + 0 = ☐	0 + 2 = ☐
1 + 0 = ☐	2 + 1 = ☐	3 + 1 = ☐
5 + 0 = ☐	1 + 3 = ☐	0 + 3 = ☐
2 + 3 = ☐	1 + 4 = ☐	3 + 2 = ☐

4 Camino al conocimiento Resta los números.

0 − 0 = ☐	1 − 0 = ☐	4 − 0 = ☐
5 − 2 = ☐	3 − 2 = ☐	2 − 1 = ☐
4 − 4 = ☐	4 − 2 = ☐	5 − 1 = ☐
4 − 3 = ☐	5 − 3 = ☐	3 − 3 = ☐
3 − 1 = ☐	4 − 1 = ☐	2 − 2 = ☐

Nombre ______________________________

VOCABULARIO
igual
diferente

5 Encierra en un círculo los objetos que son **iguales**.

6 Marca una X sobre el objeto que es **diferente**.

Marca una X sobre el objeto que no pertenece en cada fila.

7

8

9
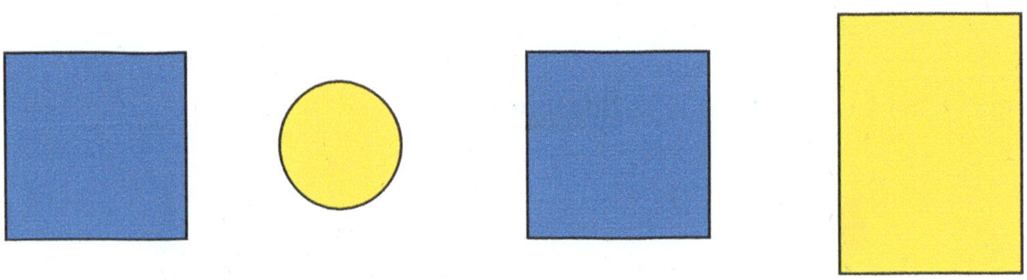

10
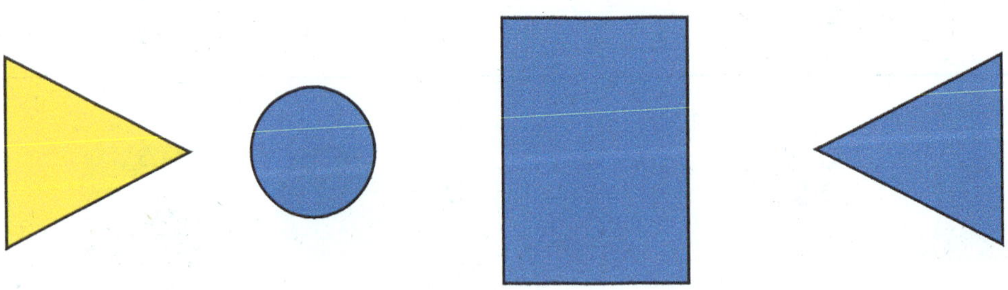

Comprobar la comprensión

MAESTRO: Expliquen otra posible respuesta correcta que podrían dar para el último ejercicio.

Nombre ______________________________

1 Escribe el número. Dibújalo usando el grupo de 5.

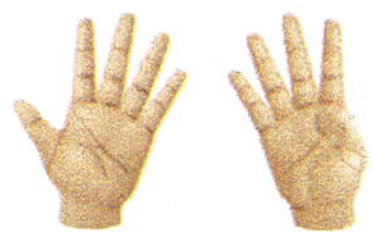 = ☐

○○○○○

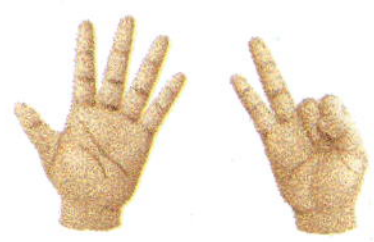 = ☐

○○○○○

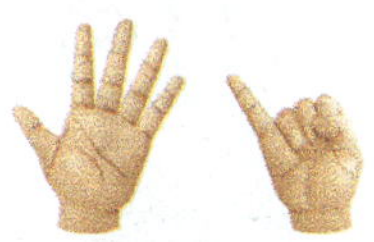 = ☐

○○○○○

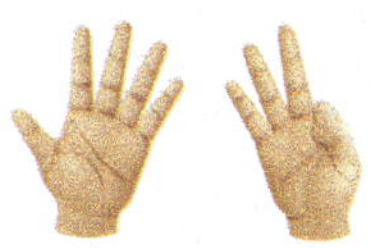 = ☐

○○○○○

2 Usa el grupo de 5. Dibuja para mostrar el número.

7 = ○○○○○

10 = ○○○○○

9 = ○○○○○

7 = ○○○○○

6 = ○○○○○

9 = ○○○○○

8 = ○○○○○

6 = ○○○○○

3 Escribe el número.

○○○○○ ○○ = ☐

○○○○○ ○○ = ☐

○○○○ = ☐

○○○○○ ○○○ = ☐

○○○○○ ○○○ = ☐

○○○○○ = ☐

○○○○○ ○ = ☐

○○○○○ ○○○○ = ☐

4 Encierra en un círculo todos los grupos de 5.
Escribe los números que muestran los círculos.

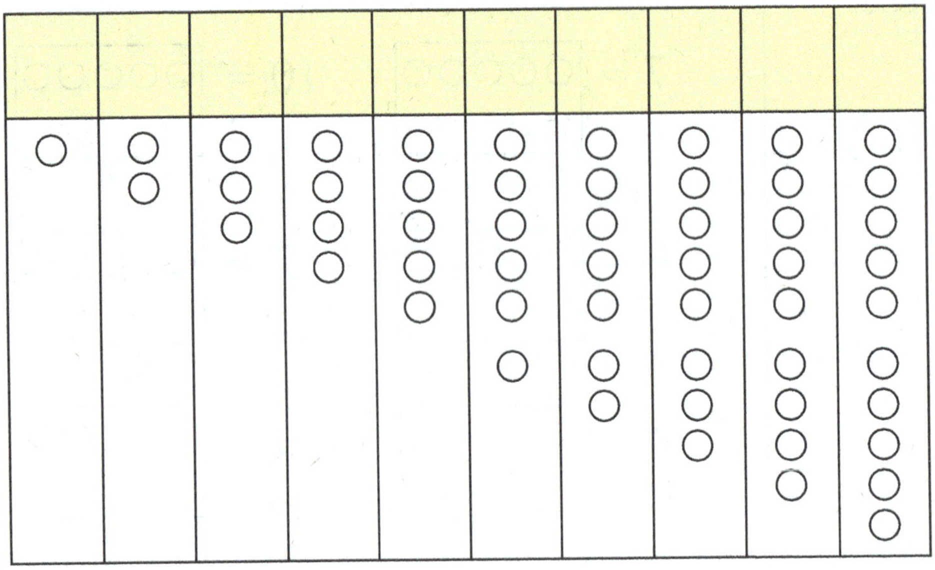

5 Mira lo que dibujó el Pingüino Confundido.
Ayuda al Pingüino Confundido.

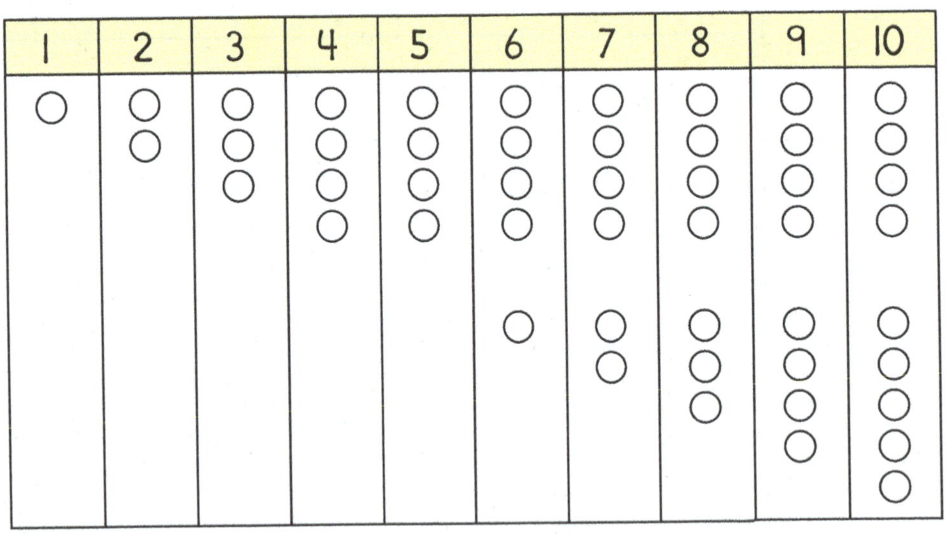

Comprobar la comprensión

MAESTRO: Expliquen por qué pueden usar dos Fichas de 5 cuadrados en lugar de Fichas de 10 pulgadas cuadradas para mostrar un grupo de 10.

Nombre ____________________

1 Dibuja círculos para 1 a 10. Muestra el grupo de 5.

1	2	3	4	5	6	7	8	9	10
							○○○○○ ○○○		

2 Escribe cada número y un signo de igual a (=) o un signo de no es igual a (≠).

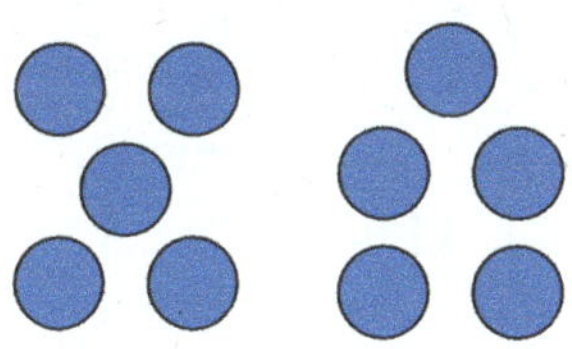

5 = 5

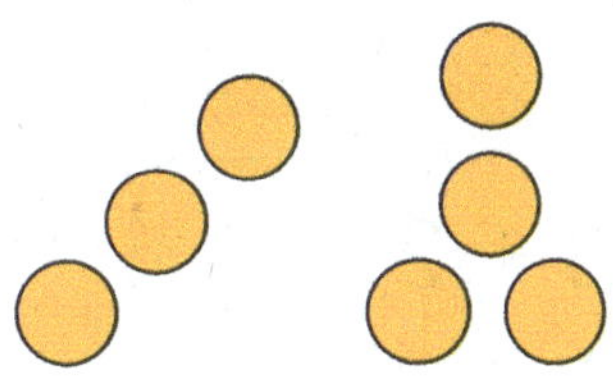

☐ ☐

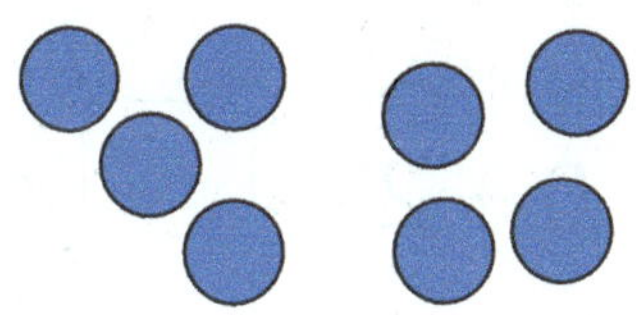

☐ ☐

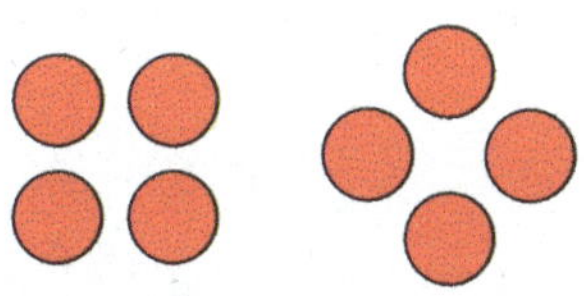

☐ ☐

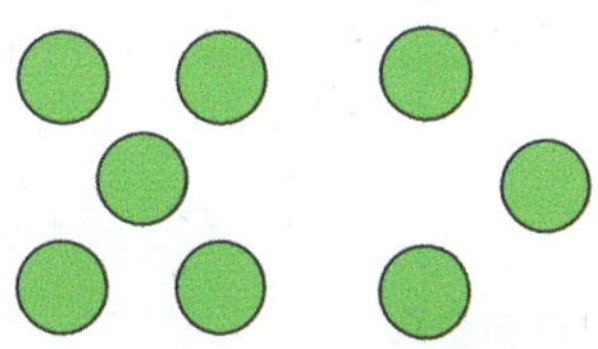

☐ ☐

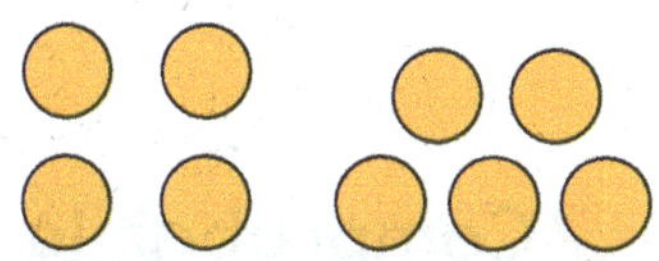

☐ ☐

3 Escribe el número 15.

15 15 15 15 15 15

15

4 Escribe el número 16.

16 16 16 16 16 16

16

5 Camino al conocimiento Suma los números.

$0 + 2 =$ ☐	$3 + 2 =$ ☐	$0 + 4 =$ ☐

6 Camino al conocimiento Resta los números.

$5 - 2 =$ ☐	$5 - 4 =$ ☐	$4 - 2 =$ ☐

Comprobar la comprensión

MAESTRO: Dibujen 2 grupos de objetos usando correctamente el signo de no es igual a (≠) entre ellos. Luego, repitan con 2 grupos y el signo de igual a (=).

15	10 + 5
14	10 + 4
13	10 + 3
12	10 + 2
11	10 + 1

19	10 + 9
18	10 + 8
17	10 + 7
16	10 + 6

Nombre ______________________________

Usa un grupo de 10.

Escribe las partes.

Escribe el **número del 11 al 19**.

1

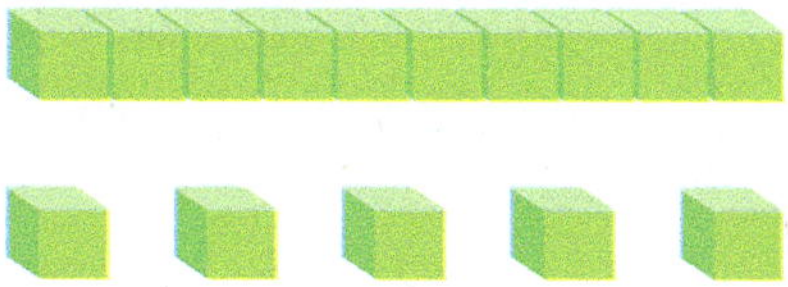

☐ + ☐ = ☐

2

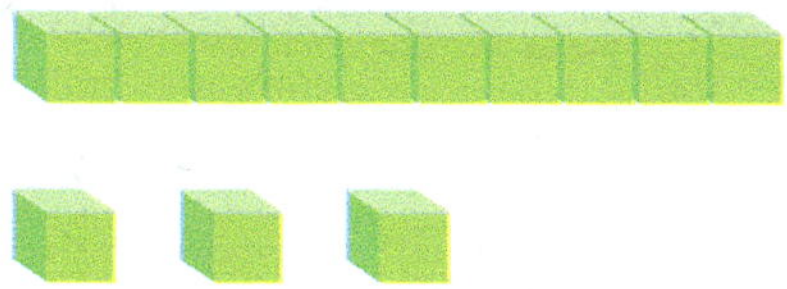

☐ + ☐ = ☐

3

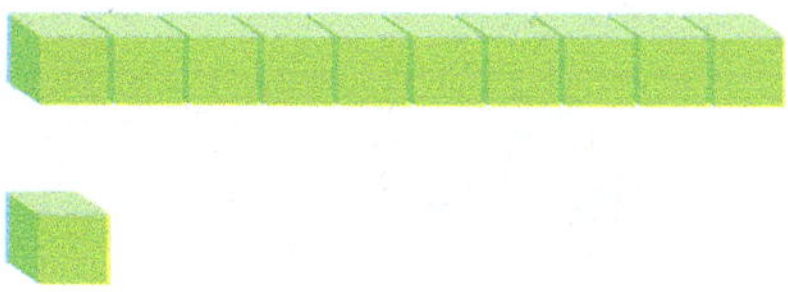

☐ + ☐ = ☐

4

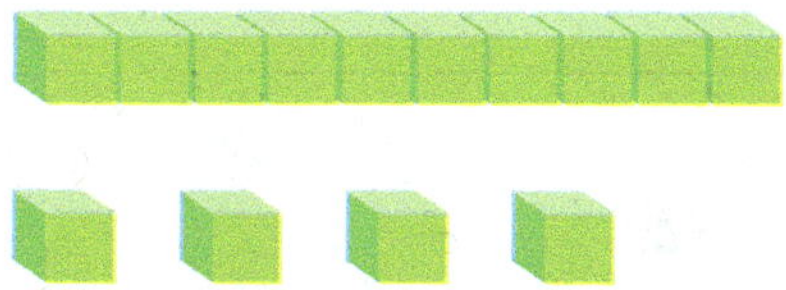

☐ + ☐ = ☐

5

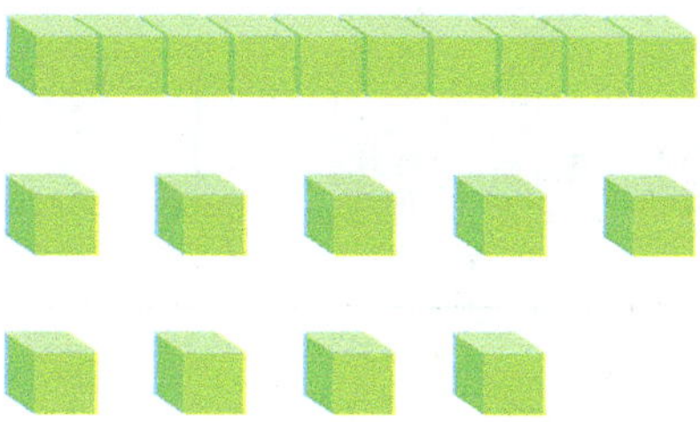

☐ + ☐ = ☐

6

☐ + ☐ = ☐

7

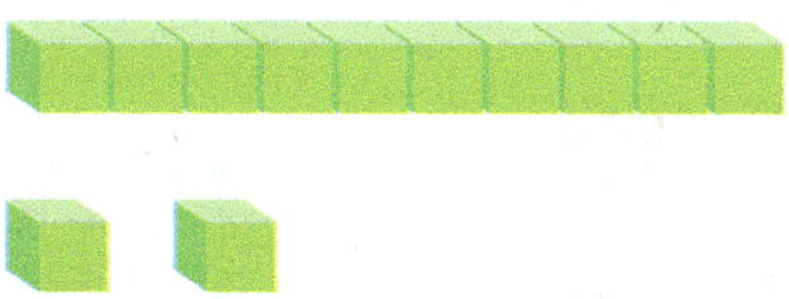

☐ + ☐ = ☐

8

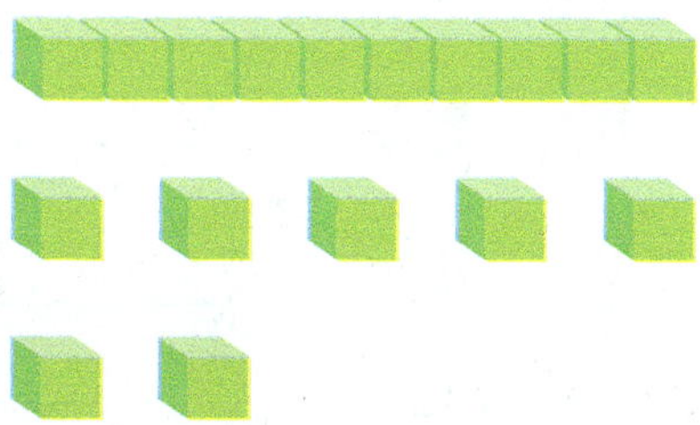

☐ + ☐ = ☐

Usa un grupo de 10.

Escribe el número del 11 al 19.

9 

10 

11 

12 

13 

14 

Comprobar la comprensión

MAESTRO: Dibujen un grupo de 10 y algunos más para mostrar 13.

Nombre ______________________________

VOCABULARIO
parte desconocida

Encuentra las partes de 6.

Dibuja cuadrados para mostrar la **parte desconocida**.

Escribe las partes.

1

2

3

Encuentra las partes de 7.

Dibuja cuadrados para mostrar la parte desconocida.

Escribe las partes.

4

5

6

Comprobar la comprensión

MAESTRO: Dibujen dos partes de 7 adicionales que no se muestran en esta página.

Nombre ______________________________

Escribe las partes.

2

☐ + ☐

3

☐ + ☐

3

☐ + ☐

4

☐ + ☐

4

☐ + ☐

4

☐ + ☐

5

☐ + ☐

5

☐ + ☐

5

☐ + ☐

5

☐ + ☐

Escribe las partes.

6

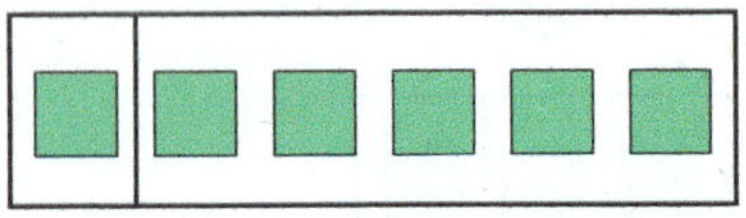

☐ + ☐

6

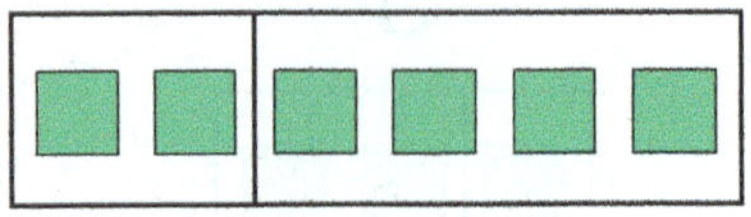

☐ + ☐

6

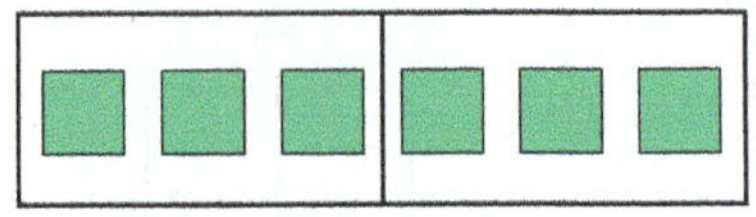

☐ + ☐

6

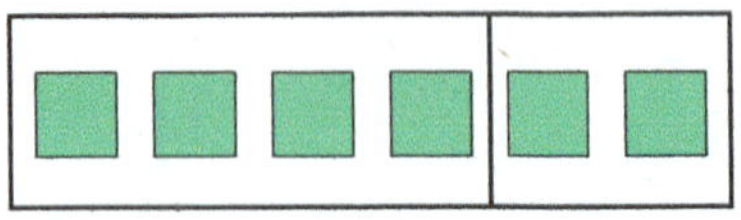

☐ + ☐

6

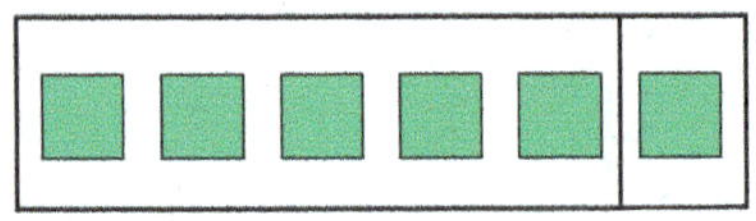

☐ + ☐

7

☐ + ☐

7

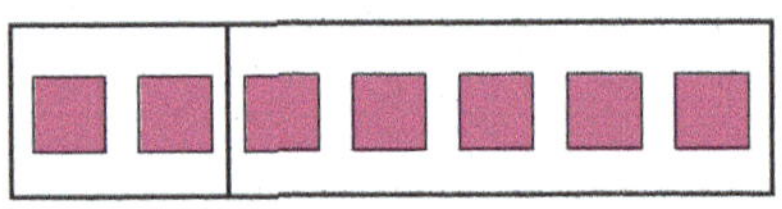

☐ + ☐

7

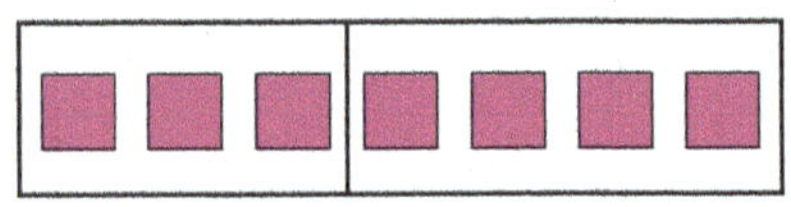

☐ + ☐

7

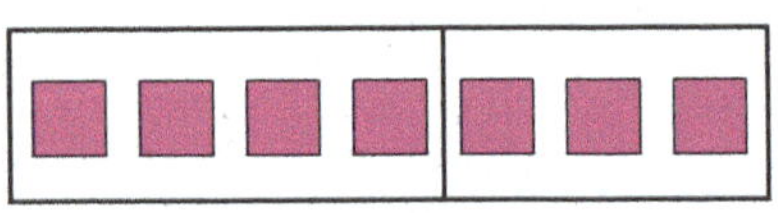

☐ + ☐

7

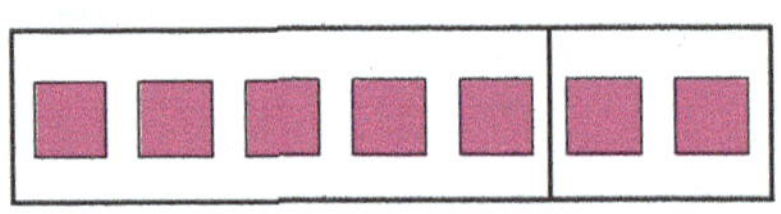

☐ + ☐

7

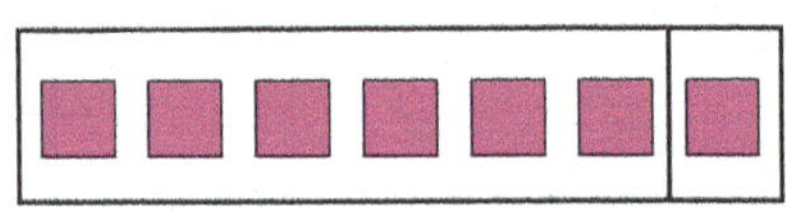

☐ + ☐

Comprobar la comprensión

MAESTRO: Escriban las partes desconocidas.

5

☐ + 2

6

4 + ☐

7

☐ + 1

Dear Family:

In the next few days, please find 20 of the same kind of small object that your child can take to school and paste onto a sheet of paper. For example, your child can use buttons or stickers, or you can cut out 20 small pieces of paper or fabric.

The objects will be used for an activity to help your child learn to see the group of 10 inside each of the teen numbers: 11, 12, 13, 14, 15, 16, 17, 18, and 19.

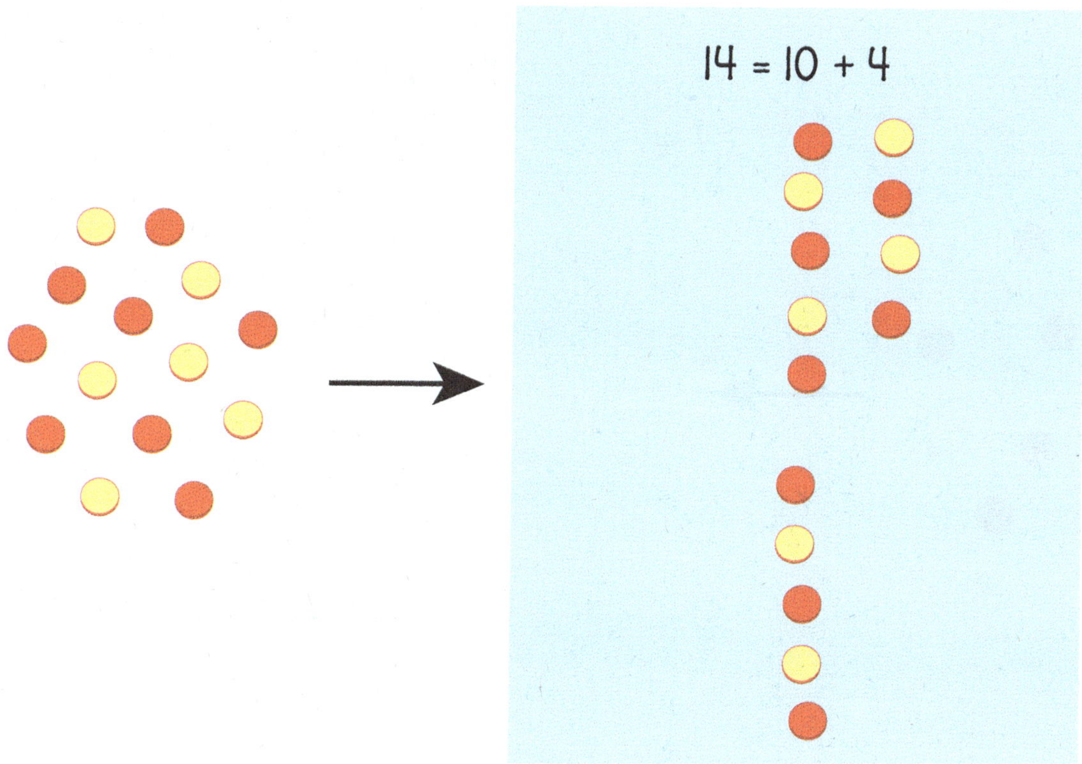

Thank you for your cooperation!

Sincerely,
Your child's teacher

Estimada familia:

Durante los días siguientes, por favor busque 20 objetos pequeños del mismo tipo, que su niño pueda llevar a la escuela y pegar en una hoja de papel. Por ejemplo, su niño puede usar botones o adhesivos o usted puede cortar 20 pedacitos de papel o tela.

Los objetos se usarán en una actividad que ayudará a su niño a identificar el grupo de 10 que hay en cada uno de los números de 11 a 19: 11, 12, 13, 14, 15, 16, 17, 18 y 19.

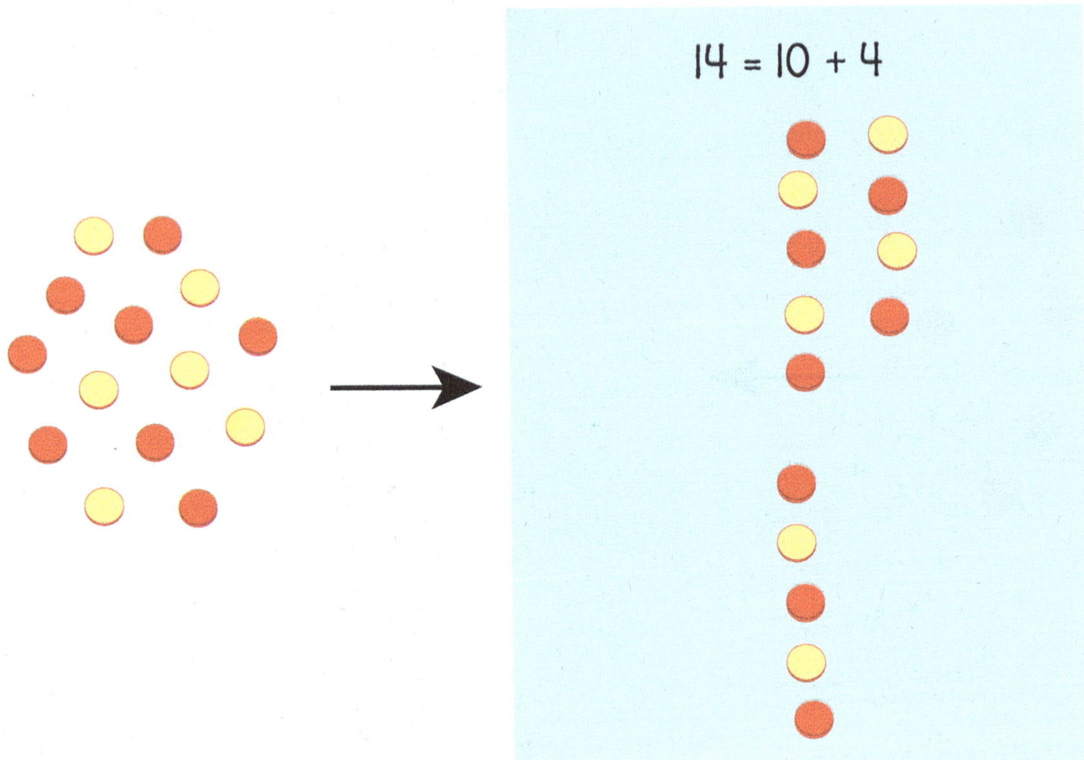

¡Gracias por su colaboración!

Atentamente,
El maestro de su niño

Nombre ______________________________

1 Escribe las partes. Busca partes cambiadas.

5

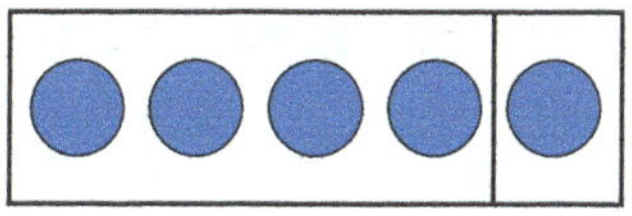

☐ + ☐

5

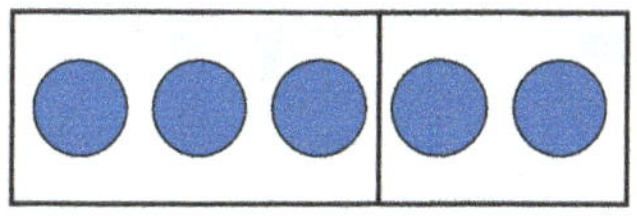

☐ + ☐

5

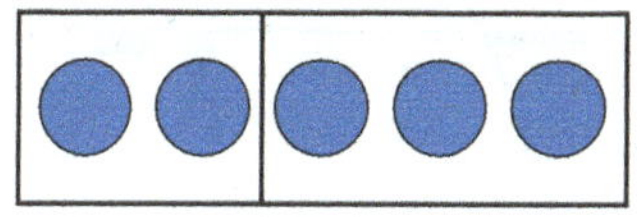

☐ + ☐

6

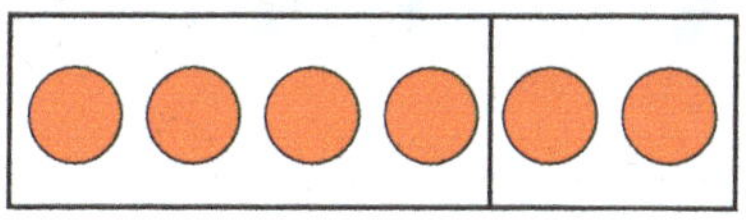

☐ + ☐

6

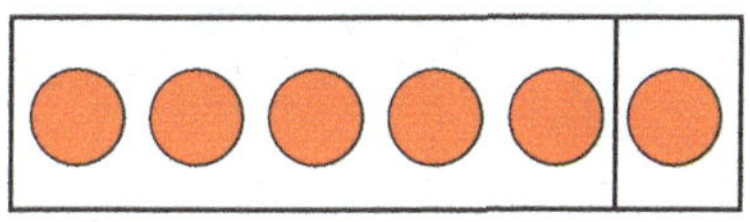

☐ + ☐

6

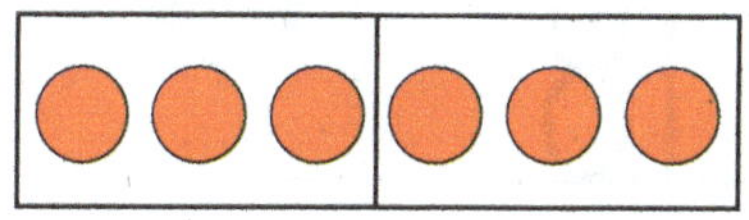

☐ + ☐

7

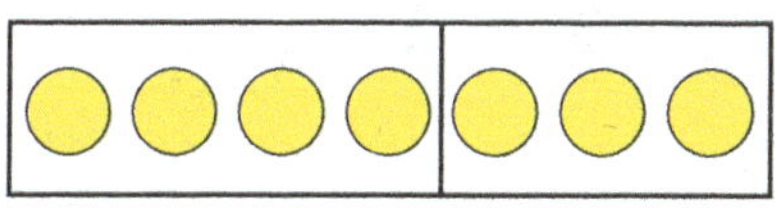

☐ + ☐

7

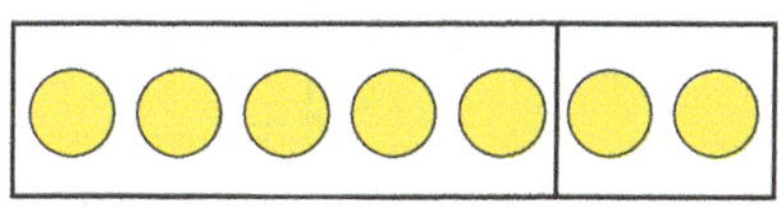

☐ + ☐

7

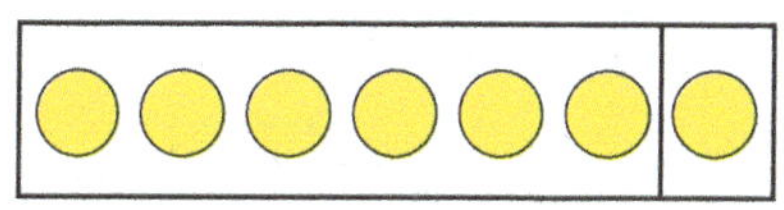

☐ + ☐

5

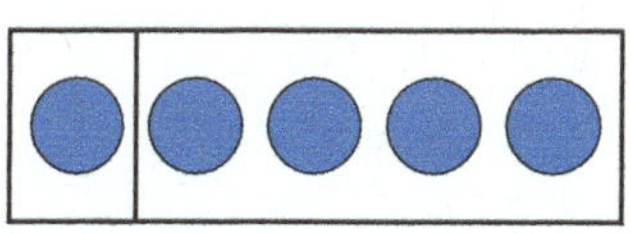

☐ + ☐

6

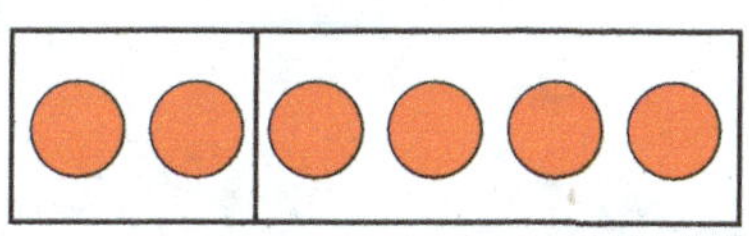

☐ + ☐

7

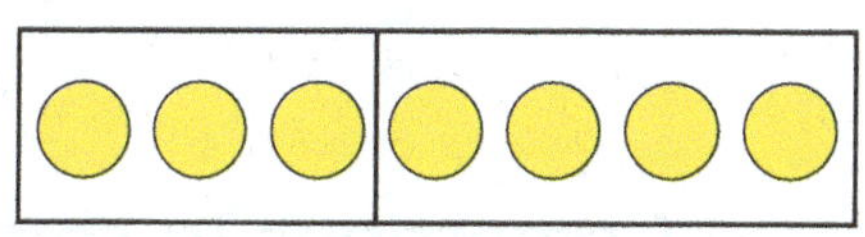

☐ + ☐

2 Escribe el número 17.

17

17

3 Escribe el número 18.

18

18

4 Camino al conocimiento Suma los números.

$1 + 0 =$ ☐	$1 + 3 =$ ☐	$4 + 1 =$ ☐
$3 + 2 =$ ☐	$2 + 2 =$ ☐	$2 + 3 =$ ☐

5 Camino al conocimiento Resta los números.

$3 - 0 =$ ☐	$5 - 1 =$ ☐	$5 - 0 =$ ☐
$5 - 2 =$ ☐	$5 - 3 =$ ☐	$4 - 3 =$ ☐

Comprobar la comprensión

MAESTRO: Dibujen objetos para mostrar todas las partes de 5, incluyendo las partes cambiadas.

Nombre ______________________________

1 El Pingüino Confundido mostró las partes para dos números del 11 al 19 y escribió el total. Ayuda al Pingüino Confundido.

12 = 10 + 3   13 = 10 + 2

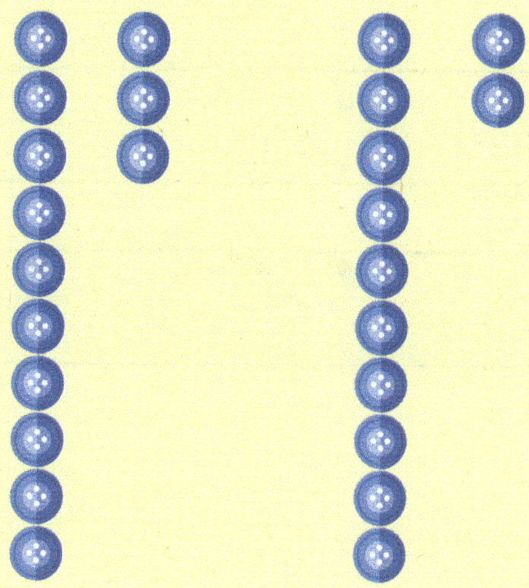

2 Dibuja los botones. Escribe el total.

___ = 10 + 5   ___ = 10 + 1

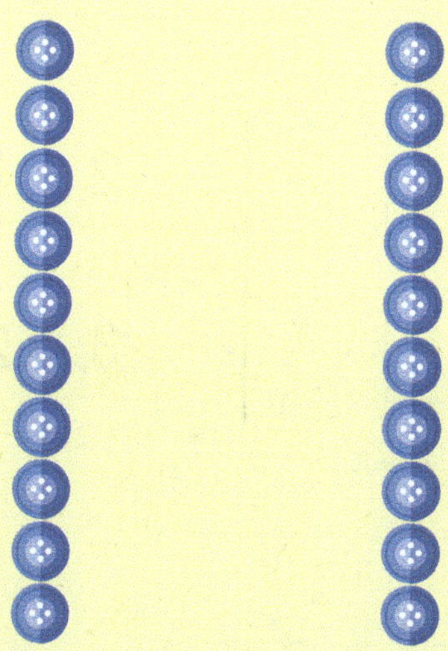

3 Escribe el número 19.

19 19 19 19 19

19

4 Escribe el número 20.

20 20 20 20 20

20

5 Camino al conocimiento Suma los números.

2 + 0 = □	0 + 2 = □	4 + 0 = □
1 + 4 = □	5 + 0 = □	2 + 3 = □

6 Camino al conocimiento Resta los números.

4 − 1 = □	4 − 0 = □	2 − 1 = □
4 − 2 = □	1 − 1 = □	3 − 2 = □

Comprobar la comprensión

MAESTRO: Usen algunas fichas. Muestren 3 maneras diferentes de organizarlas.

Unidad 3 • **Lección 20**

Nombre ________________________________

Escribe las partes para cada número del 11 al 19.

1 12 = ☐ + ☐

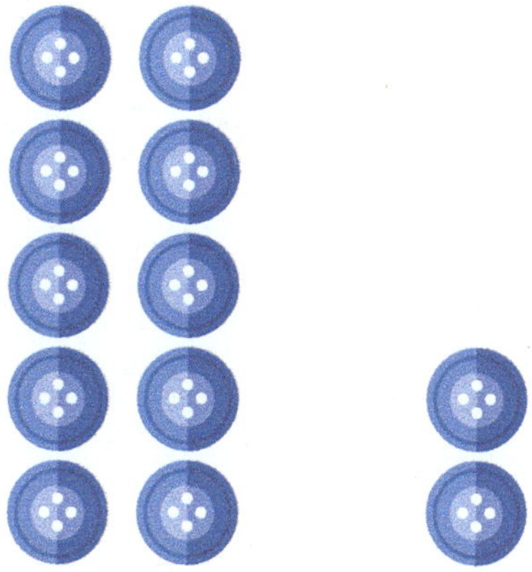

2 14 = ☐ + ☐

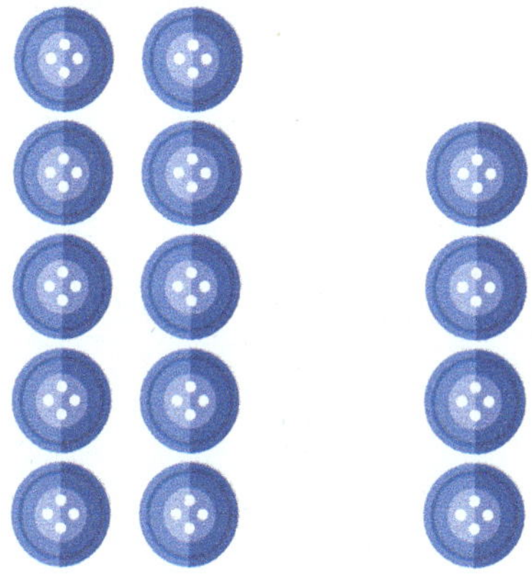

3 13 = ☐ + ☐

4 16 = ☐ + ☐

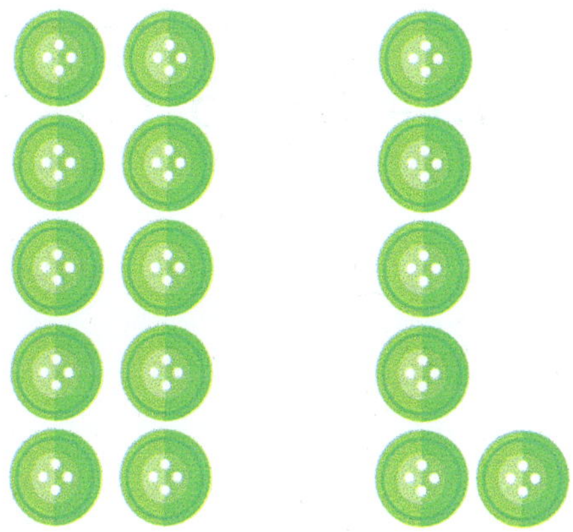

5 18 = ☐ + ☐

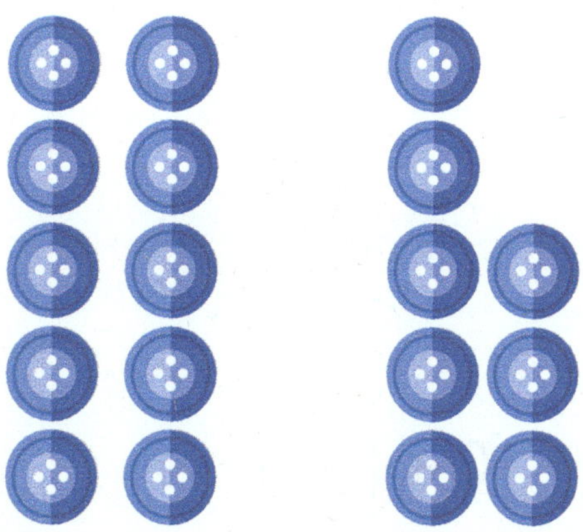

6 19 = ☐ + ☐

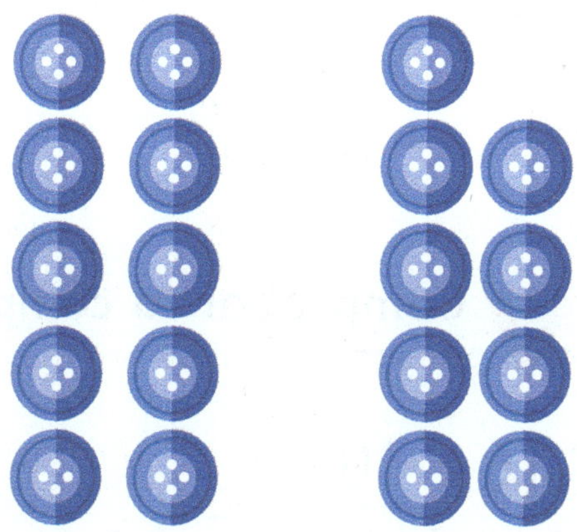

Observa el total y las partes.

Dibuja botones para representar.

7. $11 = 10 + 1$

8. $16 = 10 + 6$

9. $15 = 10 + 5$

10. $17 = 10 + 7$

Comprobar la comprensión

MAESTRO: Escriban las partes desconocidas.

$16 = 10 + \square$

$18 = 10 + \square$

Nombre ______________________________

Colorea todas las figuras de un mismo tipo del color que se muestra.

Cuenta el número de cada figura en la ilustración. Escribe el número.

¡Dibuja tus propias caras sonrientes!

cuadrado | rectángulo | círculo | triángulo | hexágono

Encierra en un círculo la ilustración que corresponda al enunciado.

VOCABULARIO
debajo **al lado de**
detrás **junto a**
entre

1 El hexágono está **debajo** del cuadrado.

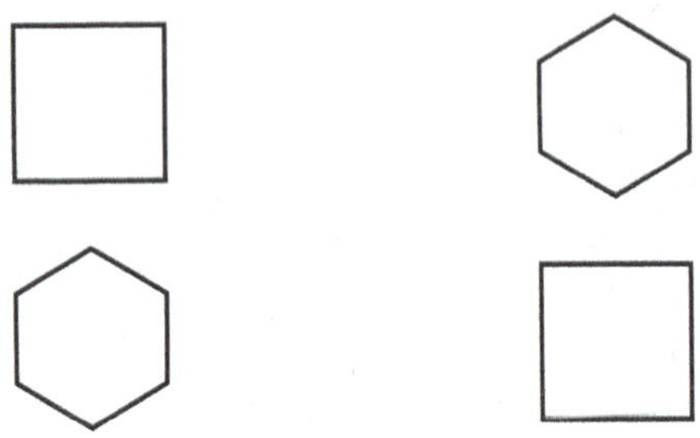

2 El círculo está **al lado del** triángulo.

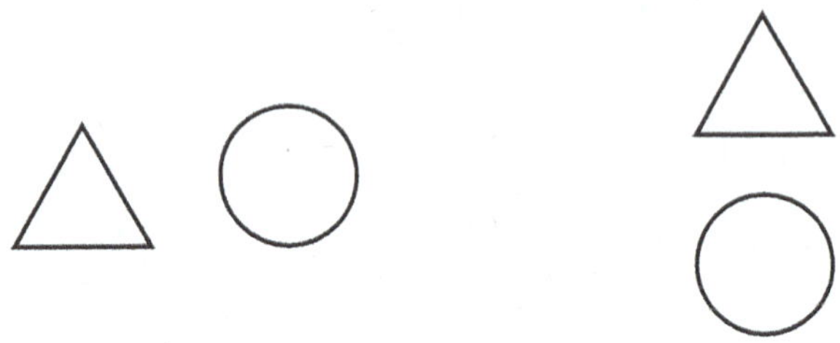

3 El rectángulo está **detrás** del triángulo.

4 El círculo está **junto al** cuadrado.

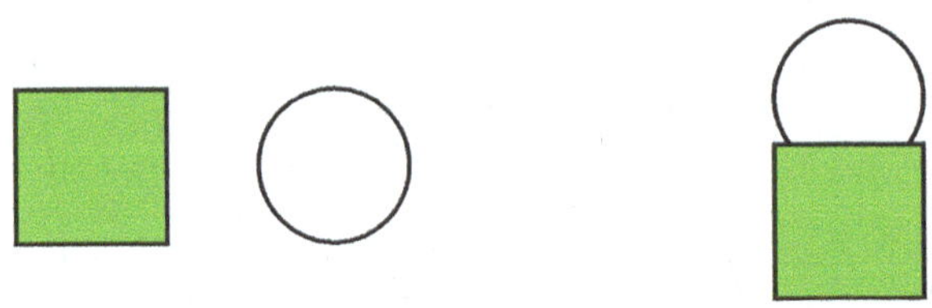

5 El círculo está **entre** el cuadrado y el triángulo.

Nombre ______________________ Fecha ____________

1 Escribe las partes.

6

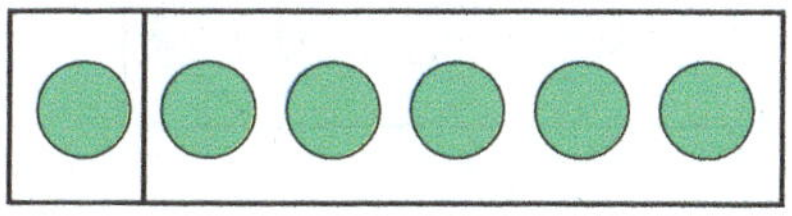

☐ + ☐

2 Usa una moneda de 10¢ y algunas monedas de 1¢. Dibuja las monedas para 17¢.

3 Encierra en un círculo un grupo de 10. Escribe cuántas estrellas hay en total.

☐

4 Encierra en un círculo el número. Dibuja el número usando un grupo de 5.

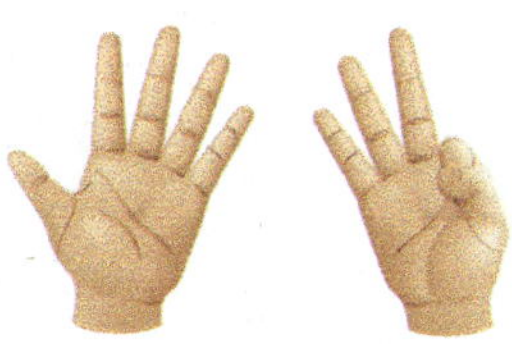

6
7
8

○○○○○

Nombre ______________________ Fecha ______________

5 Escribe cada número. Encierra en un círculo $=$ o $\neq$.

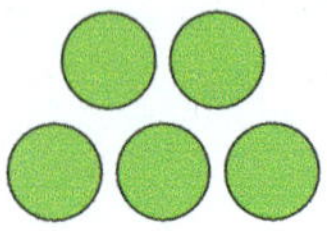

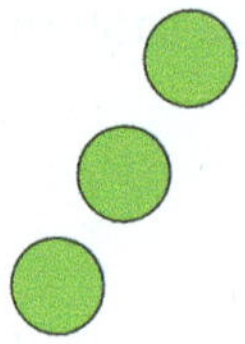

☐ $=$ / $\neq$ ☐

6 Elige todas las partes que son iguales a 6.

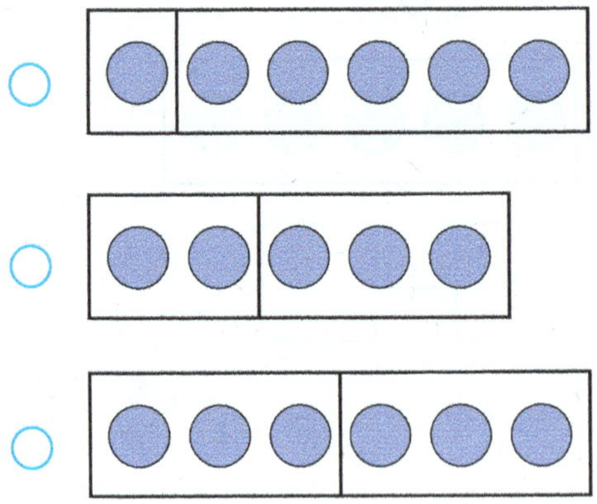

7 Suma los números. Encierra en un círculo la respuesta.

$3 + 1 =$ ☐

2   3   4

8 Resta los números. Encierra en un círculo la respuesta.

$4 - 2 =$ ☐

2   3   4

Repaso/Prueba de la Unidad 3 Nombre ____________________ Fecha ____________

Usa la siguiente ilustración para completar los ejercicios 9 a 12.

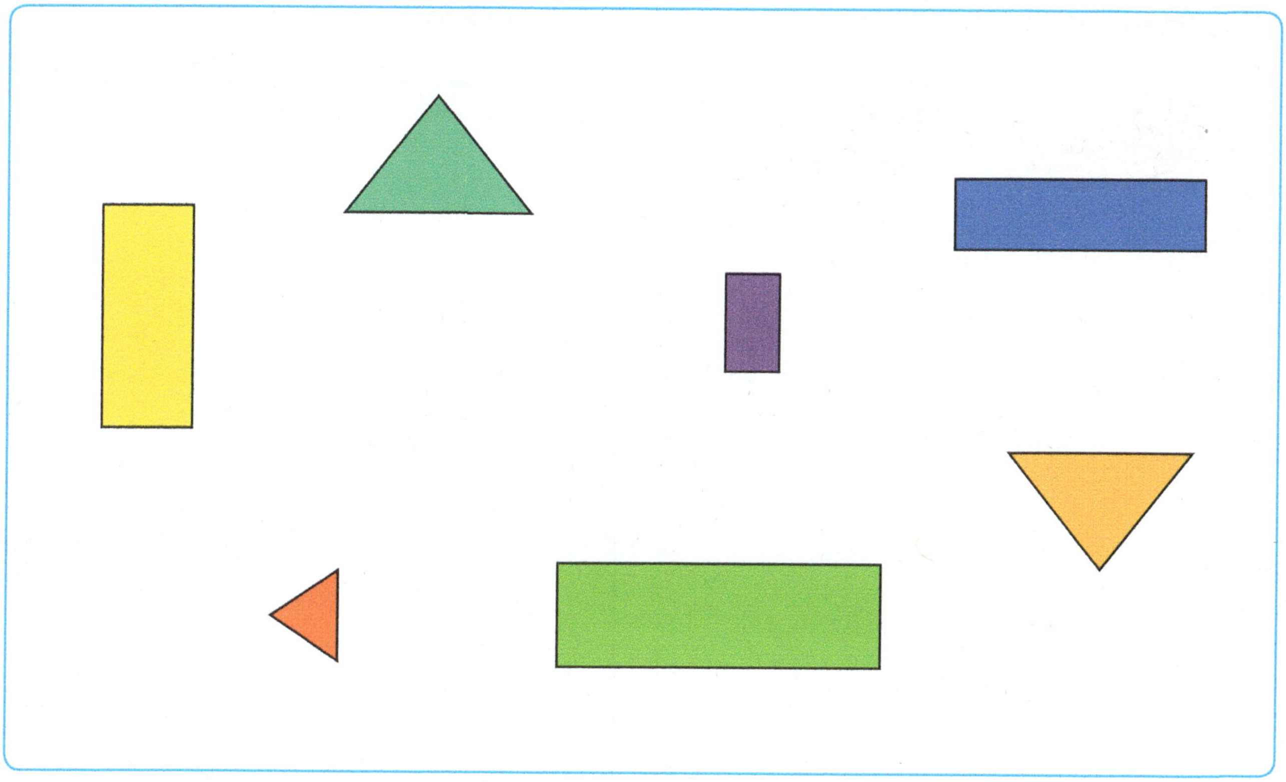

9 Encierra en un círculo todas las figuras con 4 lados.

10 ¿Cuántos triángulos hay?

○ 2 ○ 3 ○ 4

11 ¿Cuántos rectángulos hay?

○ 2 ○ 3 ○ 4

12 ¿Hay más triángulos o más rectángulos? Encierra en un círculo la figura.

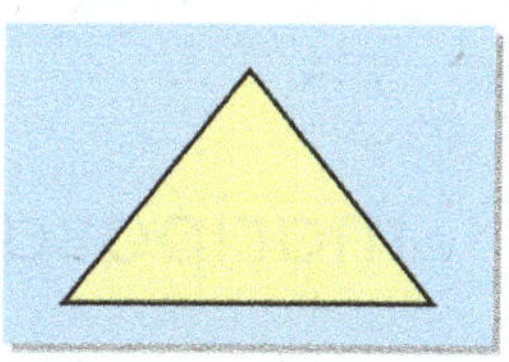 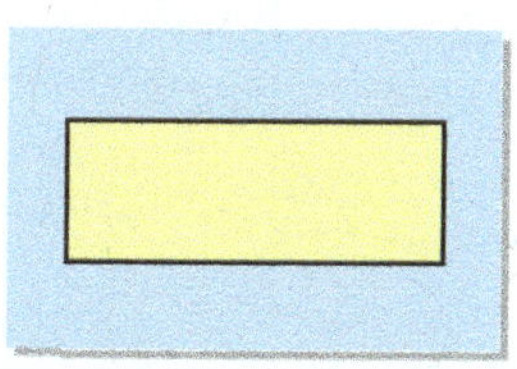

Nombre ____________________ Fecha ____________

13 Se juntan dos triángulos. Dibuja una figura que podrían formar.

14 Dibuja un triángulo. Dibuja un círculo debajo.

15 Dibuja el problema. Escribe la respuesta. Shane ve 5 mariposas. Tony ve 2 mariposas ¿Cuántas mariposas ven en total?

☐ mariposas

Tarea de rendimiento de la Unidad 3

Nombre ______________________________

Lugares favoritos

Parte A

☐

____

____

____

☐ = ☐ + ☐

____

____

____

☐ − ☐ = ☐

Tarea de rendimiento de la Unidad 3

Nombre

Parte B

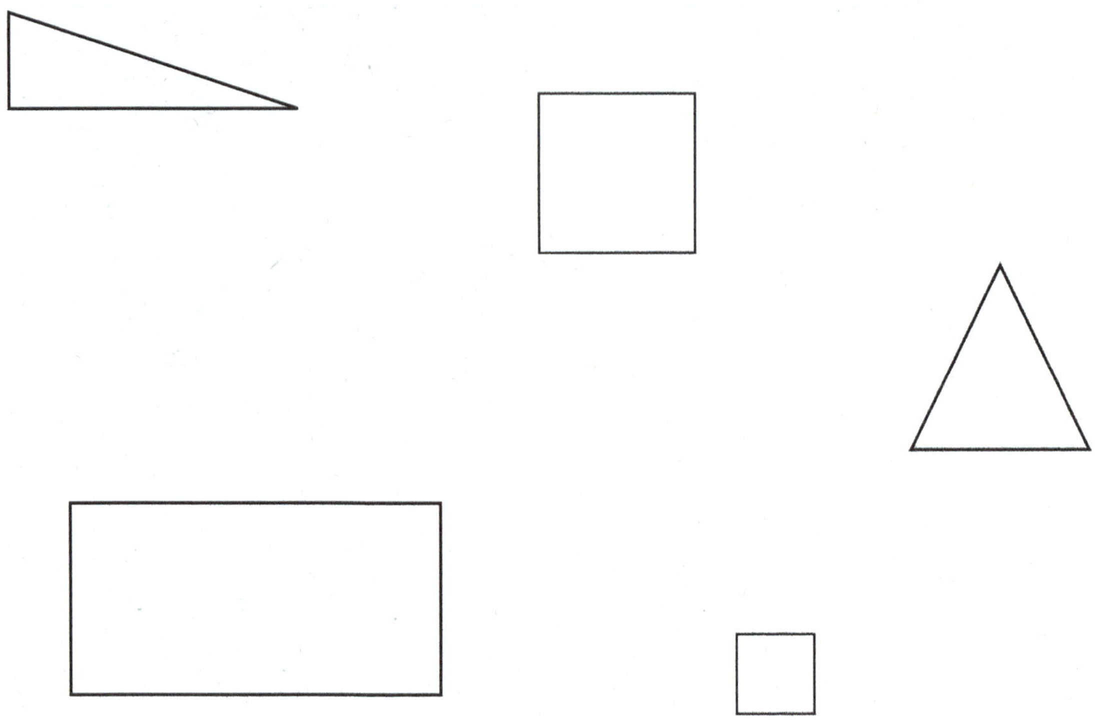

A

altura o estatura

La **altura** es cuánto mide algo de alto y la **estatura** es cuánto mide una persona de alto.

apilar

área

Tamaño medido en unidades cuadradas.

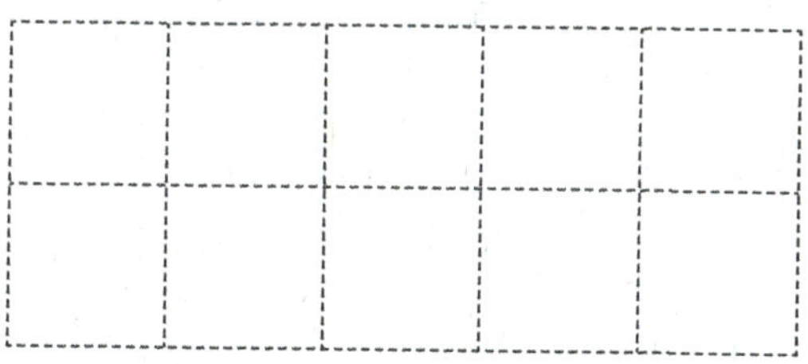

El **área** del rectángulo es 10 unidades cuadradas.

arriba, encima

El pájaro está **encima** del árbol.

C

capacidad

La **capacidad** es la cantidad que puede contener un envase.

cara

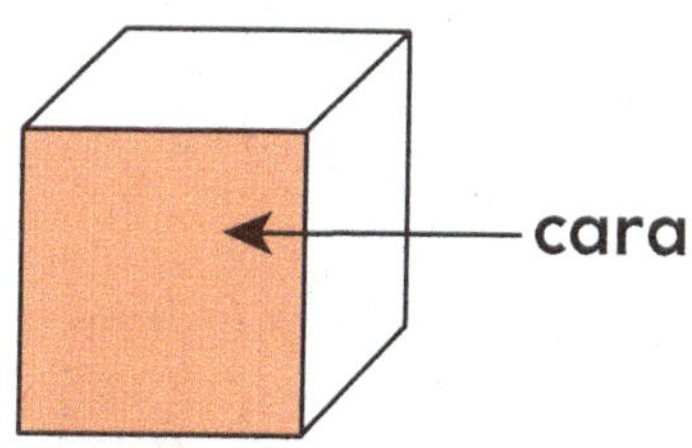

centavo

Una moneda de 1¢ vale un centavo o 1¢.

frente

reverso

cero

0

Hay **cero** manzanas en el plato.

cien

1	2	3	4	5	6	7	8	9	10
11	12	13	14	15	16	17	18	19	20
21	22	23	24	25	26	27	28	29	30
31	32	33	34	35	36	37	38	39	40
41	42	43	44	45	46	47	48	49	50
51	52	53	54	55	56	57	58	59	60
61	62	63	64	65	66	67	68	69	70
71	72	73	74	75	76	77	78	79	80
81	82	83	84	85	86	87	88	89	90
91	92	93	94	95	96	97	98	99	100

cilindro

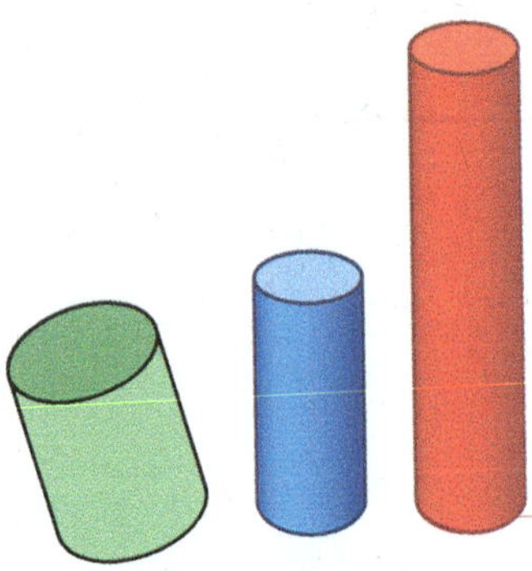

cinco

5

círculo

clasificar

manzanas

no manzanas

columna

1	11	21	31	41	51	61	71	81	91
2	12	22	32	42	52	62	72	82	92
3	13	23	33	43	53	63	73	83	93
4	14	24	34	44	54	64	74	84	94
5	15	25	35	45	55	65	75	85	95
6	16	26	36	46	56	66	76	86	96
7	17	27	37	47	57	67	77	87	97
8	18	28	38	48	58	68	78	88	98
9	19	29	39	49	59	69	79	89	99
10	20	30	40	50	60	70	80	90	100

cono

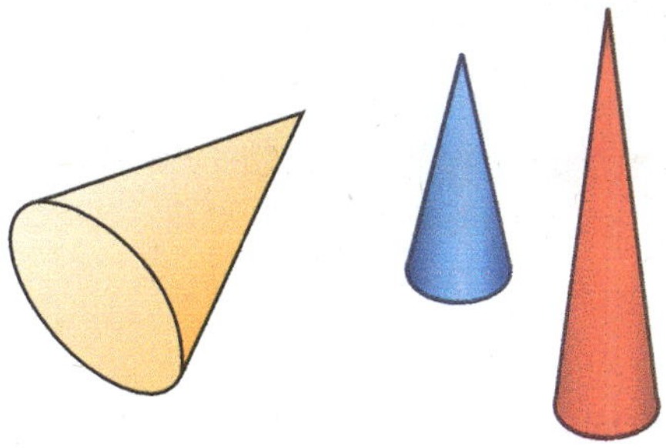

contar

cuadrado

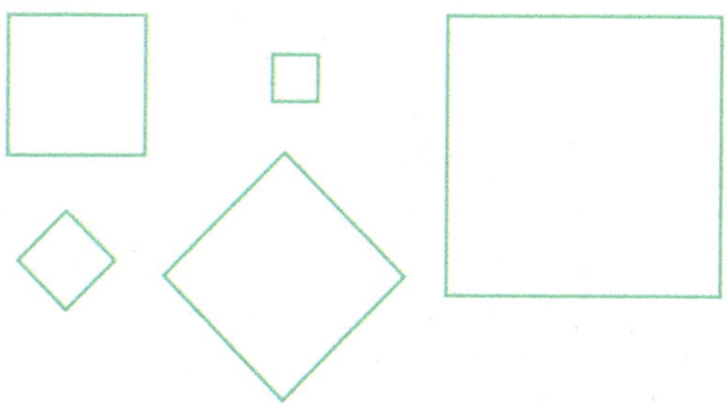

cuántos

Ejemplo:

¿Cuántos dedos hay? 5 dedos

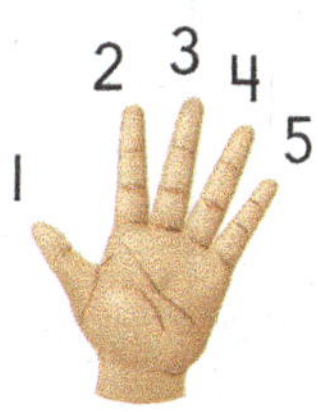

cuarto

cuatro

cubo

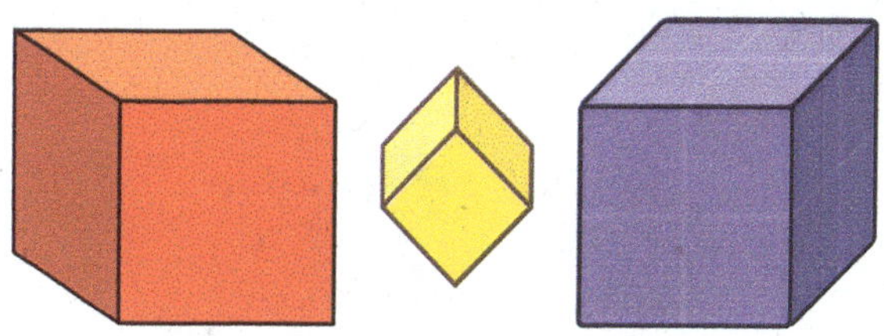

debajo

El árbol está **debajo** del pájaro.

décimo

décimo

derecha

El cuadrado verde está a la **derecha**.

detrás

El niño está **detrás** de la cerca.

diez

10 

diferente

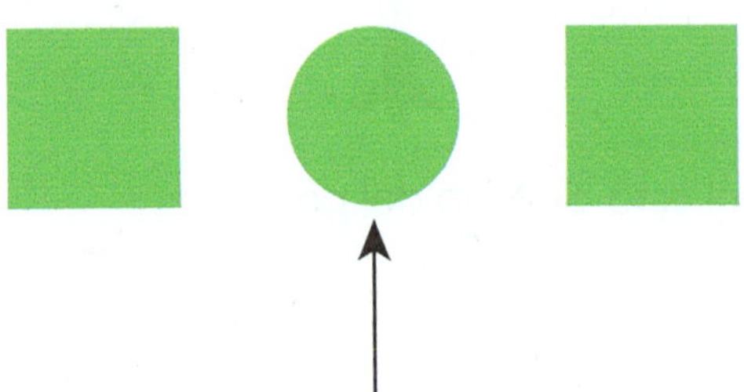

diferente

dos

2 

E

ecuación

Ejemplos:

$4 + 3 = 7 \quad 7 = 4 + 3$

$9 - 5 = 4 \quad 4 = 9 - 5$

el más corto (longitud)

el más corto

el más largo

el más largo

el más liviano

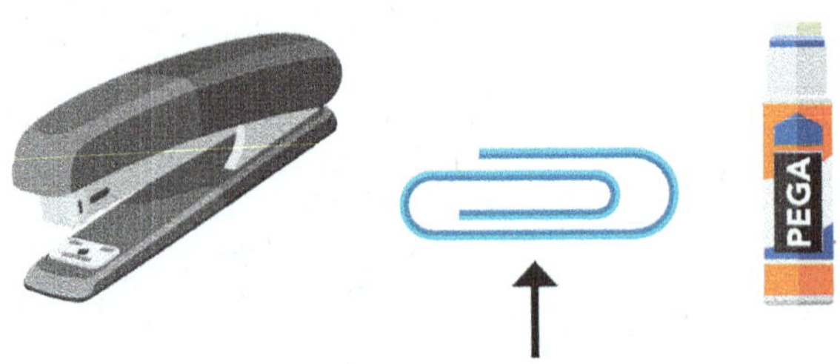

el más liviano

el más pesado

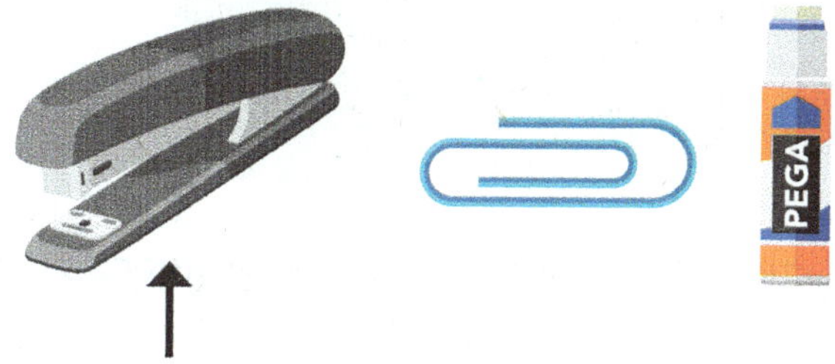

el más pesado

enfrente

La niña está **enfrente** de la cerca.

entre

El círculo está **entre** el cuadrado y el triángulo.

esfera

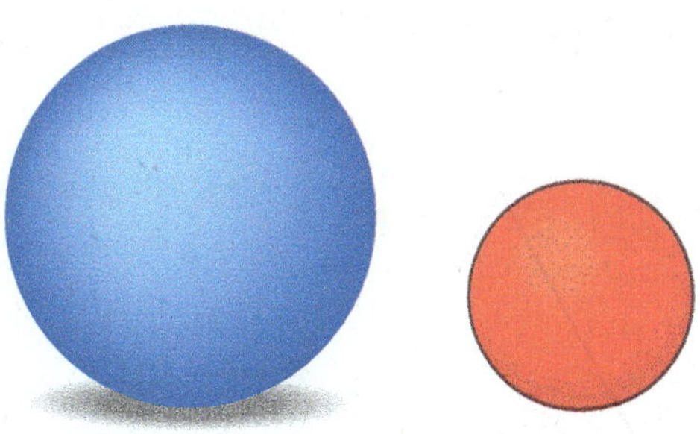

esquina

F

figuras bidimensionales

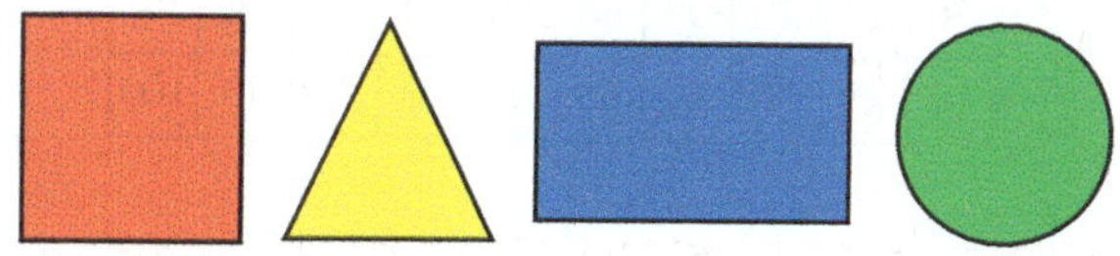

figuras geométricas

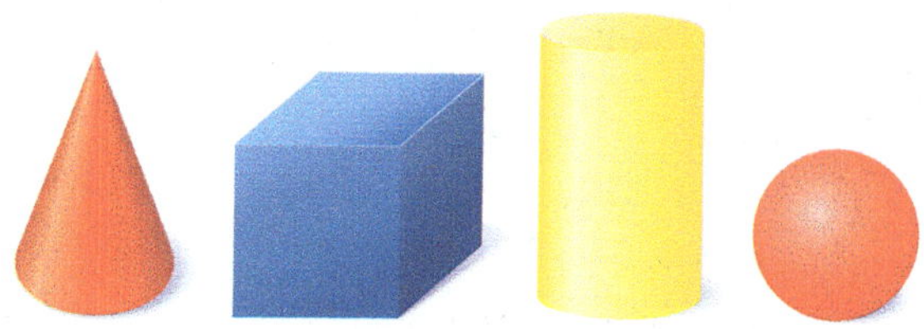

figuras planas

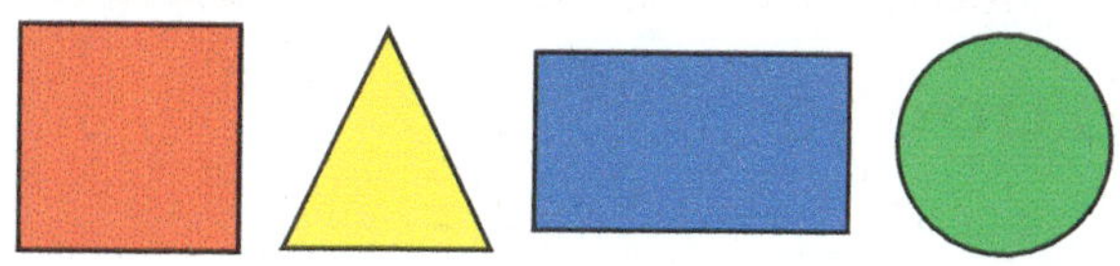

figuras tridimensionales

fila

1	11	21	31	41	51	61	71	81	91
2	12	22	32	42	52	62	72	82	92
3	13	23	33	43	53	63	73	83	93
4	14	24	34	44	54	64	74	84	94
5	15	25	35	45	55	65	75	85	95
6	16	26	36	46	56	66	76	86	96
7	17	27	37	47	57	67	77	87	97
8	18	28	38	48	58	68	78	88	98
9	19	29	39	49	59	69	79	89	99
10	20	30	40	50	60	70	80	90	100

G

grupo

Este **grupo** tiene 3 círculos.

H

hexágono

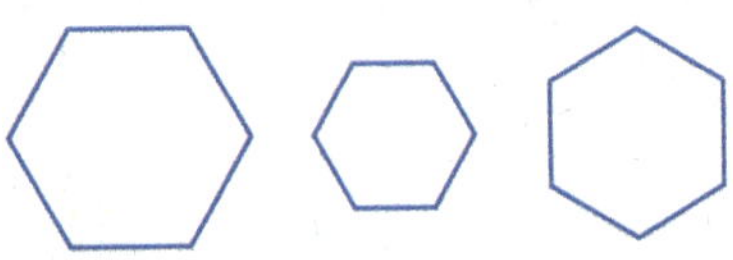

I

igual

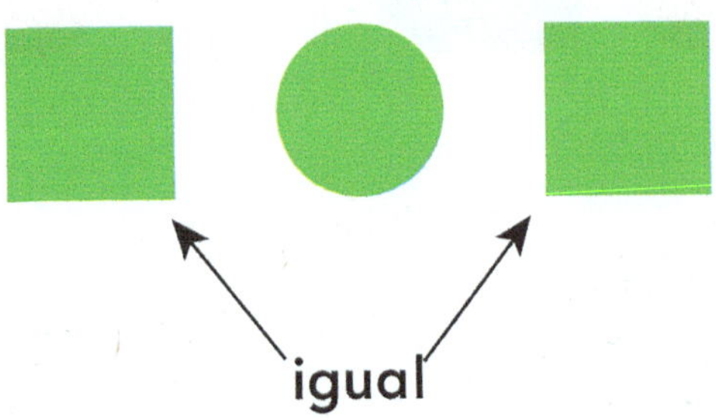

izquierda

El cuadrado amarillo está a la **izquierda.**

J

junto a

El tobogán está **junto al** árbol.

junto a

El árbol está **junto al** tobogán.

L

lado

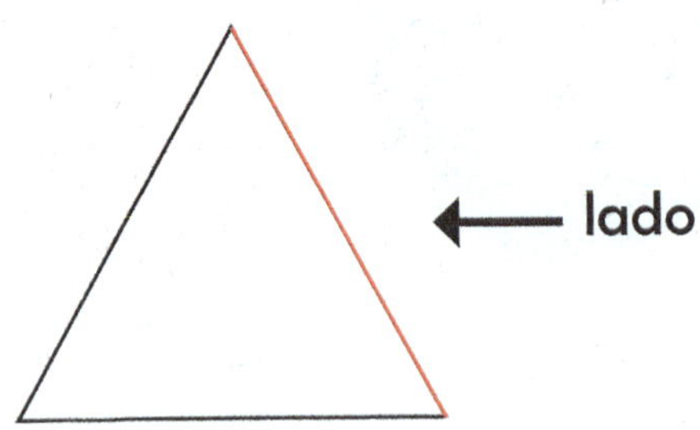

líneas rectas

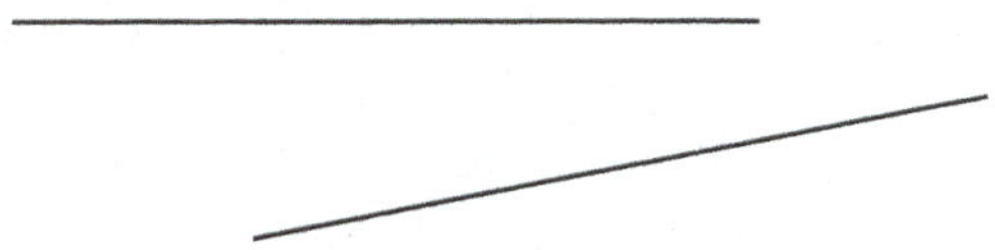

Las **líneas rectas** no forman curvas.

longitud

Este lápiz mide 6 clips de **longitud.**

M

más (+)

3 + 2 = 5

3 **más** 2 es igual a 5.

más

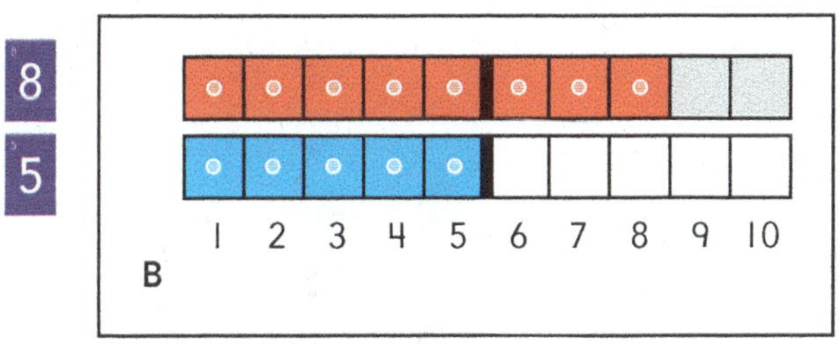

Hay **más** fichas rojas que fichas azules.

más alto

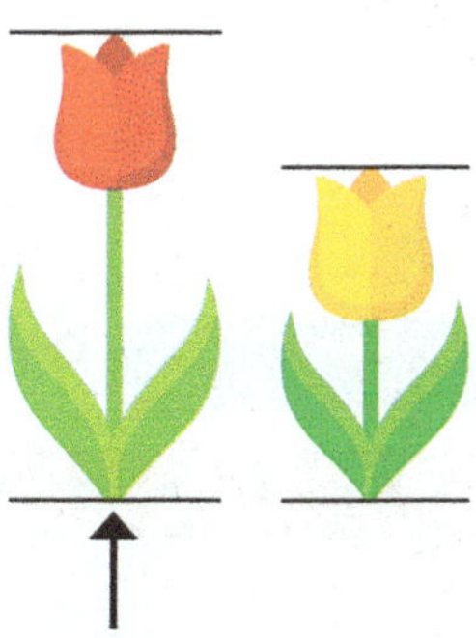

más alta

La flor roja es **más alta** que la flor amarilla.

más bajo (altura)

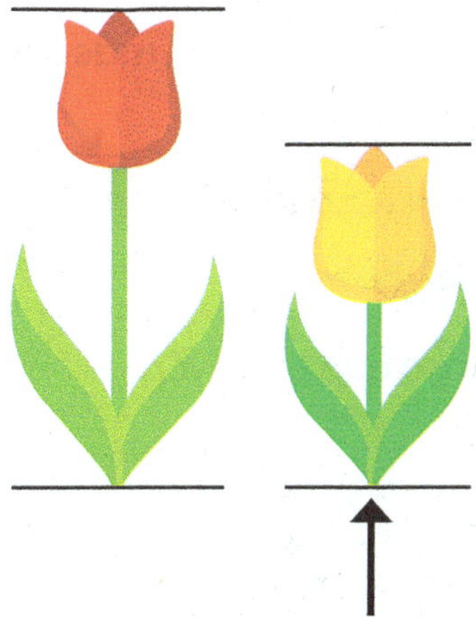

más baja

La flor amarilla es **más baja** que la flor roja.

más corto (longitud)

más corto

El crayón es más corto que el lápiz.

más grande

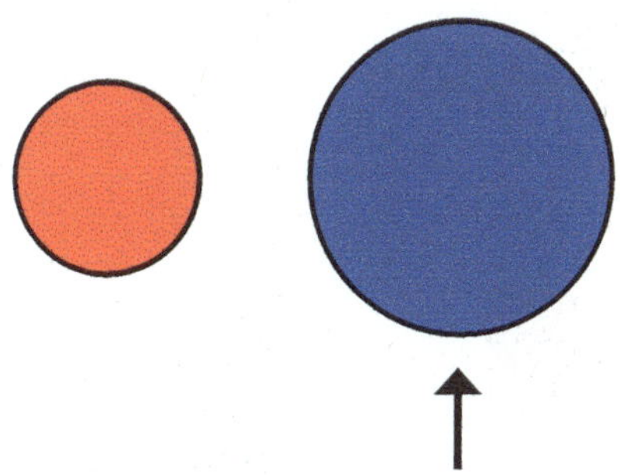

más grande

más largo

El lápiz es **más largo** que el crayón.

más liviano

más pequeño

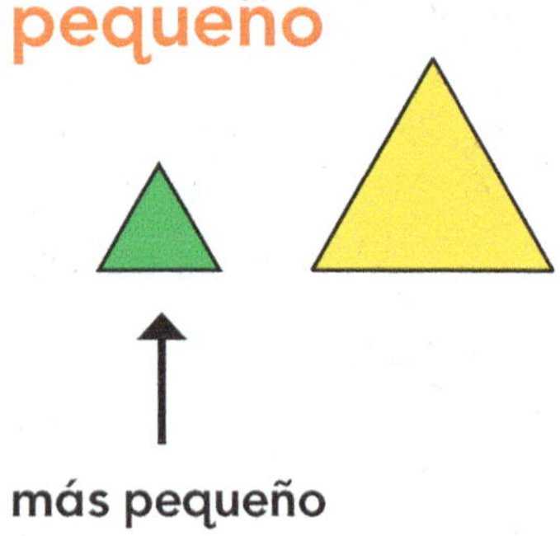

más pesado

mayor

mayor que

9 es **mayor que** 6.

menor

menor que

9 es **menor que** 11.

menos (–)

8 – 3 = 5

8 **menos** 3 es igual a 5.

menos

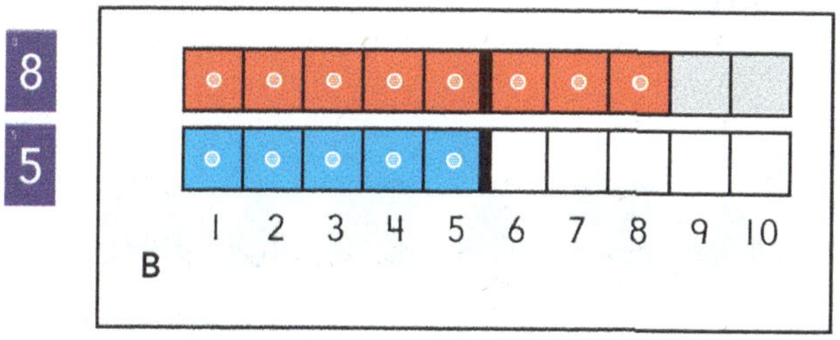

Hay **menos** fichas azules que fichas rojas.

moneda de 1¢

frente

reverso

1 centavo o 1¢

moneda de 10¢

frente

reverso

10 centavos o 10¢

moneda de 25 ¢

frente

reverso

25 centavos o 25¢

moneda de 5¢

frente

reverso

5 centavos o 5¢

N

novena

novena

nueve

9 

números del 11 al 19

11 12 13 14 15 16 17 18 19

números que terminan en cero

10, 20, 30, 40, 50, 60, 70, 80, 90

O

ocho

8 

octavo

octavo

orden

1	2	3	4	5	6	7	8	9	10

Estos números están en **orden.**

ordenar

Puedes **ordenar** los animales en grupos.

P

parte desconocida

3 + 4 = ☐   3 + ☐ = 7

parte desconocida

patrón

Objetos ordenados de una manera especial.

Los patrones pueden repetirse, crecer o encogerse.

Ejemplo:

1 2 2 1 2 2 1 2 2

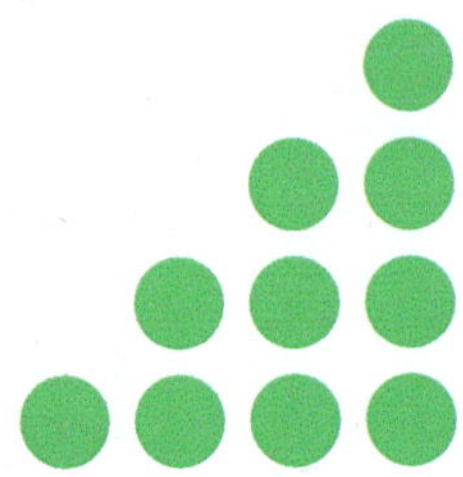

peso

El **peso** es la medida de lo pesado que es un objeto.

primero

primera

problema

Ejemplo:

Hay 2 conejos en el jardín.

Luego llegan 3 conejos más.

¿Cuántos conejos hay en total?

Q

quinto

quinta

R

rectángulo

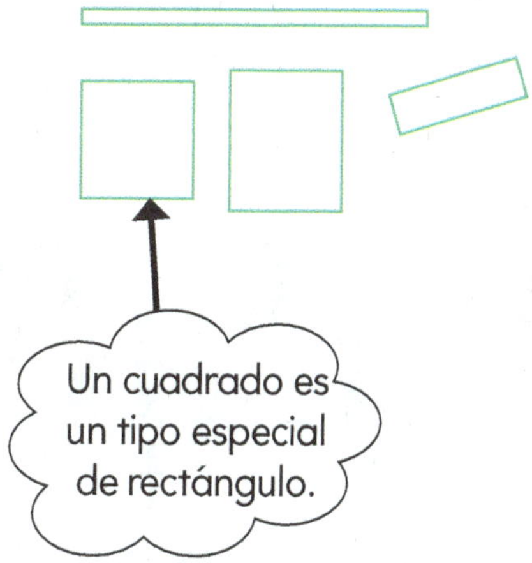

restar

$8 - 3 = 5$

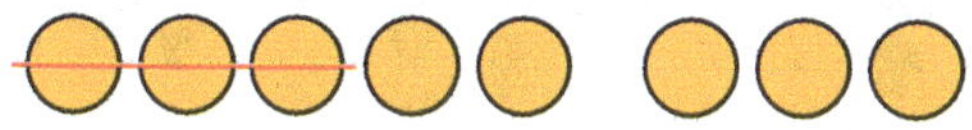

rodar

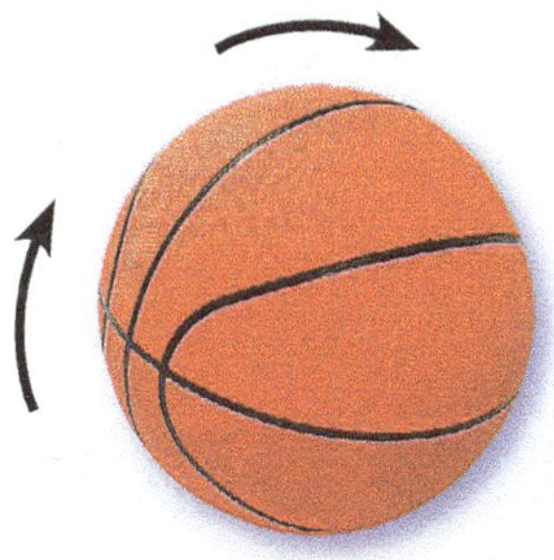

S

segundo

segundo

seis

6 

séptimo

séptima

sexto

sexto

siete

7 

signo de centavo (¢)

3¢

signo de centavo

signo de igual a (=)

$4 + 4 = 8$

4 más 4 es **igual a** 8.

signo de no es igual a

$6 \neq 8$

6 **no es igual a** 8.

suma

$3 + 2 = 5$

suma

$4 + 3 = 7$

suma

T

tercero

tercero

tres

3 

triángulo

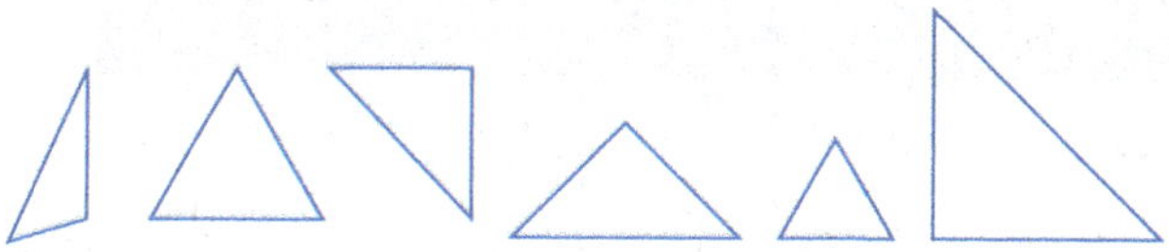

U

unidades

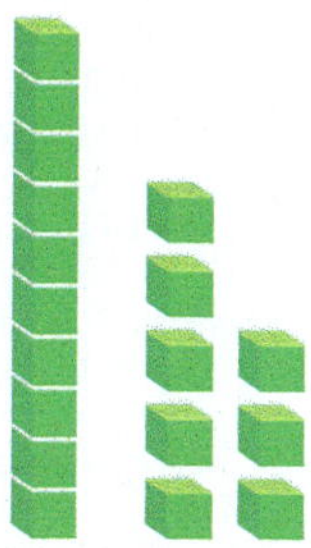

18 tiene 8 **unidades**.

uno

1 

K.NC Conceptos numéricos		
K.NC.1	Cuentan de unidad en unidad y de decena en decena hasta 100.	Unidad 1 Lecciones 1, 2, 3, 4, 5, 7, 11, 17; Unidad 2 Lecciones 6, 8, 10, 18, 19; Unidad 3 Lecciones 1, 2; Unidad 4 Lecciones 12, 15, 16, 17; Unidad 5 Lecciones 2, 3, 5, 8, 10, 13, 23
K.NC.2	Cuentan hacia adelante y hacia atrás comenzando desde cualquier número en una secuencia; cuentan de decena en decena hasta 100 comenzando desde cualquier número terminado en 0.	Unidad 1 Lección 17; Unidad 2 Lecciones 1, 2, 6, 7, 8, 9, 10, 14, 15, 18, 19, 20; Unidad 3 Lecciones 1, 2, 4, 5, 7, 11, 13, 15; Unidad 4 Lecciones 3, 5, 7, 8, 12, 15, 16, 17, 18, 20; Unidad 5 Lecciones 3, 4, 5, 7, 8, 9, 10, 18, 19
K.NC.3	Leen y escriben números del 0 al 31. Representan un grupo de objetos del 0 al 31 escribiendo un numeral y usando imágenes, objetos reales, palabras y manipulativos como los cubos interconectables. Comprenden que el 0 es el conteo de ningún objeto.	Unidad 1 Lecciones 1, 2, 3, 4, 5, 6, 7, 9, 11, 12, 13, 14, 15, 16, 17; Unidad 2 Lecciones 1, 2, 3, 4, 5, 7, 8, 9, 10, 11, 12, 14, 15, 16, 18, 19, 20; Unidad 3 Lecciones 1, 2, 4, 5, 6, 7, 8, 11, 12, 13, 14, 15, 16, 18, 19, 20; Unidad 4 Lecciones 1, 2, 3, 4, 5, 7, 8, 10, 11, 13, 16, 18, 19, 20; Unidad 5 Lecciones 2, 3, 4, 5, 6, 7, 8, 9, 10, 12, 13, 14, 15, 16, 17, 18, 19, 20
K.NC.4	Interconectan el conteo con el número de objetos en un grupo; comprenden cómo se relacionan los números y las cantidades.	Unidad 1 Lecciones 1, 2, 3, 4, 5, 6, 7, 9, 11, 12, 13, 14, 15, 16, 17; Unidad 2 Lecciones 1, 2, 3, 4, 5, 7, 8, 9, 10, 11, 15, 16, 19, 20; Unidad 3 Lecciones 1, 2, 4, 5, 7, 11, 13, 14, 15, 18, 19, 20; Unidad 4 Lecciones 1, 3, 4, 5, 6, 7, 10, 12, 15, 20; Unidad 5 Lecciones 2, 3, 7, 9, 13, 14, 15, 16, 17, 18, 19, 23
K.NC.4.a	Cuentan objetos diciendo los nombres de los números en la secuencia correcta, comprenden que un nombre para un número está emparejado con solo un objeto.	Unidad 1 Lecciones 1, 2, 3, 4, 5, 6, 7, 9, 11, 12, 13, 14, 15, 16, 17; Unidad 2 Lecciones 1, 2, 3, 4, 5, 11, 15; Unidad 3 Lección 2; Unidad 4 Lecciones 1, 4, 10, 12; Unidad 5 Lección 5

K.NC Conceptos numéricos		
K.NC.4.b	Comprenden que cuando cuentan un grupo de objetos, el último número mencionado es el número total en el grupo; reconocen que el número total en un grupo es el mismo sin importar cómo están organizados los objetos o el orden en el que se cuentan.	Unidad 1 Lecciones 1, 2, 3, 4, 5, 6, 7, 9, 11, 12, 13, 14, 15, 16, 17; Unidad 2 Lecciones 1, 2, 3, 4, 5, 7, 8, 11, 15; Unidad 3 Lecciones 2, 8, 11, 18; Unidad 4 Lecciones 1, 4, 10, 12; Unidad 5 Lección 2
K.NC.4.c	Al contar, comprenden que el siguiente número mencionado en una secuencia representa un número mayor al número anterior.	Unidad 2 Lecciones 1, 12, 14, 16, 19, 20; Unidad 3 Lecciones 11, 12, 13, 14; Unidad 4 Lecciones 4, 5, 7, 12; Unidad 5 Lecciones 5, 7, 9, 15, 23
K.NC.4.d	Comprenden el concepto de los números ordinales (primero al décimo) para describir la posición relativa y la magnitud de los número enteros.	Unidad 2 Lección 7
K.NC.5	Comprenden que los objetos o imágenes pueden ser contados para explicar "¿Cuántos hay?" dados 20 objetos o imágenes organizados en una recta, matriz o círculo, o hasta 10 objetos desorganizados; cuentan el número de objetos usando los nombres de los números del 1 al 20.	Unidad 1 Lecciones 1, 2, 3, 4, 5, 6, 7, 9, 11, 12, 13, 14, 15, 16, 17; Unidad 2 Lecciones 1, 2, 3, 4, 5, 7, 8, 9, 12, 13, 14, 15, 16, 17, 19, 20; Unidad 3 Lecciones 1, 2, 3, 4, 5, 7, 8, 10, 11, 12, 13, 14, 15, 16, 17, 18, 19, 20, 21; Unidad 4 Lecciones 1, 2, 3, 4, 5, 7, 8, 10, 11, 12, 13, 16, 18, 19, 20; Unidad 5 Lecciones 2, 3, 4, 5, 6, 7, 8, 9, 10, 11, 14, 15, 16, 17, 18, 19, 20
K.NC.6	Comparan dos grupos de objetos mediante el uso de estrategias de conteo o emparejado para identificar si el número en un grupo es mayor que, menor que o igual al número en el segundo grupo.	Unidad 1 Lecciones 9, 11, 12, 13, 16, 17; Unidad 2 Lecciones 7, 9, 13; Unidad 3 Lecciones 10, 12; Unidad 4 Lecciones 6, 10, 20; Unidad 5 Lecciones 1, 10, 14, 16, 17, 20
K.NC.7	Dados dos numerales escritos, comparan números del 1 al 10.	Unidad 1 Lecciones 9, 15; Unidad 2 Lecciones 7, 9; Unidad 3 Lecciones 12, 14; Unidad 4 Lecciones 6, 10, 20; Unidad 5 Lecciones 16, 17, 20

K.ARO Razonamiento y operaciones algebraicas		
K.ARO.1	Usan objetos, imágenes, sonidos (por ejemplo, dando golpecitos), imágenes mentales, representaciones, los dedos, al igual que expresiones, ecuaciones o explicaciones para representar sumas y restas.	Unidad 1 Lecciones 7, 8, 9, 11, 12, 13, 14; Unidad 2 Lecciones 2, 3, 4, 5, 6, 9, 10, 11, 12, 14, 15, 16, 19; Unidad 3 Lecciones 1, 3, 4, 5, 6, 7, 8, 11, 13, 15, 16, 17, 19, 20; Unidad 4 Lecciones 1, 2, 3, 4, 5, 6, 7, 8, 10, 11, 12, 13, 15, 16, 17, 18, 19, 20; Unidad 5 Lecciones 1, 3, 4, 5, 6, 7, 8, 9, 10, 11, 12, 13, 14, 15, 16, 17, 18, 19, 20
K.ARO.2	Suman y restan hasta el 10; representan y resuelven problemas mediante el uso de objetos o imágenes u otros métodos que funcionen.	Unidad 1 Lecciones 7, 8, 14; Unidad 2 Lecciones 2, 3, 5, 6, 10, 11, 12, 14, 15, 16; Unidad 3 Lecciones 1, 3, 4, 7, 11, 16; Unidad 4 Lecciones 1, 2, 3, 4, 5, 6, 7, 8, 10, 11, 12, 13, 15, 16, 17, 18, 19, 20; Unidad 5 Lecciones 1, 3, 4, 5, 6, 7, 8, 9, 10, 11, 12, 13, 14, 15, 16, 19
K.ARO.3	Usan objetos o imágenes para descomponer números en pares, de diferentes formas, para números menores o iguales a 10, luego anotan los pares mediante dibujos o ecuaciones, por ejemplo $8 = 2 + 6$ y $8 = 4 + 4$.	Unidad 2 Lecciones 2, 20; Unidad 3 Lecciones 1, 3, 4, 6, 16, 17, 18; Unidad 4 Lecciones 2, 3, 4, 5, 7, 8, 11, 12, 13, 18, 19; Unidad 5 Lecciones 1, 3, 4, 5, 6, 7, 8, 9, 10, 11, 12, 13, 14, 15, 16, 18, 19
K.ARO.4	Usan objetos o imágenes, entre otros, para hallar un número del 1 al 9 que cuando se suma a otro número el resultado es 10; anotan el resultado mediante un dibujo o una ecuación.	Unidad 4 Lecciones 2, 4, 8, 11, 13, 18, 19; Unidad 5 Lecciones 2, 3, 6, 8, 11, 12, 13, 15, 18, 19
K.ARO.5	Demuestran su conocimiento cuando suman o restan hasta el 5.	Unidad 3 Lecciones 4, 5, 6, 7, 12, 14, 18, 19; Unidad 4 Lecciones 3, 12, 15, 17; Unidad 5 Lecciones 7, 10

K.PVO Valor posicional y operaciones		
K.PVO.1	Usan objetos o imágenes u otras estrategias para componer y descomponer números en decenas y unidades para números del 11 al 19, luego anotan el resultado mediante un dibujo o ecuación, por ejemplo, 10 + 5 = 15 y 15 = 5 + 10; comprenden que los números del 11 al 19 están compuestos por un grupo de 10 unidades más 1 a 9 unidades más.	Unidad 2 Lección 10; Unidad 3 Lecciones 2, 3, 5, 6, 8, 13, 15, 17, 18, 19, 20; Unidad 4 Lecciones 3, 5, 7, 10, 12, 16, 18, 20; Unidad 5 Lecciones 1, 2. 3, 4, 5, 6, 7, 9, 10, 11, 15, 17, 18, 19, 20, 23

K.MDA Medición y análisis de datos		
K.MDA.1	Describen y comparan los atributos de objetos de la vida real, mediante el uso de conceptos de medición como la longitud, área, peso y capacidad. Usan los conceptos de medición para describir varios atributos diferentes de un objeto.	Unidad 5 Lecciones 21, 22, 23
K.MDA.2	Comparan y ordenan directamente dos o tres objetos que tienen un atributo de medición en común (como la longitud) para saber cuál tiene más o menos del atributo; describen sus diferencias.	Unidad 5 Lecciones 21, 22, 23
K.MDA.3	Clasifican objetos por categorías como forma, tamaño, color y grosor. Cuentan el número en cada categoría, luego organizan las categorías por grupos con los mismos números. Identifican objetos que no pertenecen a un grupo en particular y explican su razonamiento.	Unidad 1 Lección 10; Unidad 2 Lecciones 13, 17; Unidad 3 Lecciones 10, 12, 21; Unidad 4 Lecciones 1, 9, 22
K.MDA.4	Estudian las monedas (de 1¢, 5¢, 10¢ y 25¢) y comienzan a identificar las monedas de 1¢ y las de 10¢.	Unidad 1 Lección 13; Unidad 2 Lección 15; Unidad 3 Lección 8; Unidad 5 Lección 8

K.GSR Geometría y razonamiento espacial		
K.GSR.1	Describen objetos comunes mediante el uso del nombre de figuras geométricas; describen la posición relativa de objetos mediante el uso de términos como *encima, debajo, al lado, en frente de, detrás de, al lado de* y *entre*.	Unidad 1 Lecciones 8, 10, 18; Unidad 2 Lecciones 13, 17, 20: Unidad 3 Lecciones 10, 12, 21; Unidad 4 Lecciones 9, 14, 21, 22
K.GSR.2	Usan el nombre correcto de las figuras geométricas en diferentes posiciones y de diferentes tamaños.	Unidad 1 Lecciones 8, 10, 15, 16, 18; Unidad 2 Lecciones 13, 16, 17, 20: Unidad 3 Lecciones 9, 10, 12, 21; Unidad 4 Lecciones 9, 14, 21, 22
K.GSR.3	Hallan e identifican figuras geométricas bidimensionales y tridimensionales; reconocen que una figura plana es bidimensional (sobre un plano) y una figura sólida es tridimensional (que ocupa un espacio).	Unidad 1 Lecciones 8, 10, 18; Unidad 2 Lección 13; Unidad 4 Lecciones 9, 14, 21
K.GSR.4	Analizan y comparan figuras bidimensionales y tridimensionales de diferentes tamaños y posiciones; usan lenguaje cotidiano para describir cómo se asemejan o diferencian, cuántas partes tienen (por ejemplo, lados, esquinas o vértices) entre otros atributos, como las longitudes de sus lados.	Unidad 1 Lecciones 8, 10, 16, 18; Unidad 2 Lecciones 13, 17, 20; Unidad 3 Lecciones 10, 21; Unidad 4 Lecciones 9, 14, 21, 22
K.GSR.5	Elaboran modelos de figuras de la vida real por medio de dibujos o de figuras hechas con bloques, palitos, arcilla o plastilina y otros materiales.	Unidad 1 Lección 10; Unidad 3 Lección 9; Unidad 4 Lecciones 9, 21
K.GSR.6	Forman figuras geométricas compuestas al combinar otras figuras sencillas.	Unidad 3 Lección 9; Unidad 4 Lección 21; Unidad 5 Lección 13
K.GSR.7	Identifican, crean, completan y extienden patrones simples usando figuras, colores, tamaños, números, sonidos y movimientos. Los patrones se pueden repetir, aumentar o disminuir como ABB, ABB, ABB o •,••,•••.	Unidad 1 Lecciones 15, 16; Unidad 2 Lecciones 14, 16

MPP1	
Resolución de problemas	Unidad 1 Lecciones 8, 9, 10, 15, 16, 18 Unidad 2 Lecciones 1, 3, 5, 6, 8, 10, 13, 14, 15, 16, 17, 20 Unidad 3 Lecciones 1, 4, 7, 12, 16, 21 Unidad 4 Lecciones 2, 3, 4, 5, 6, 9, 10, 12, 14, 15, 21, 22 Unidad 5 Lecciones 1, 2, 4, 5, 10, 15, 16, 21, 22, 23
MPP2	
Razonamiento abstracto y cuantitativo	Unidad 1 Lecciones 6, 11, 13, 14, 15, 16, 18 Unidad 2 Lecciones 2, 9, 20 Unidad 3 Lecciones 1, 3, 4, 10, 11, 12, 14, 21 Unidad 4 Lecciones 1, 2, 4, 5, 6, 7, 9, 12, 16, 17, 18, 19, 22 Unidad 5 Lecciones 5, 7, 15, 17, 18, 20, 23
MPP3	
Aplicación y evaluación del razonamiento lógico	Unidad 1 Lecciones 1, 2, 3, 4, 5, 6, 8, 9, 10, 11, 12, 14, 15, 17, 18 Unidad 2 Lecciones 1, 2, 3, 4, 5, 6, 7, 8, 9, 10, 11, 12, 13, 14, 15, 16, 17, 18, 19, 20 Unidad 3 Lecciones 1, 2, 3, 4, 5, 6, 7, 8, 9, 10, 11, 12, 13, 14, 15, 16, 17, 18, 19, 20, 21 Unidad 4 Lecciones 1, 2, 3, 4, 5, 7, 8, 9, 10, 11, 12, 13, 14, 15, 16, 17, 18, 19, 21, 22 Unidad 5 Lecciones 1, 2, 3, 4, 5, 6, 7, 8, 9, 10, 11, 12, 13, 14, 15, 16, 17, 18, 19, 20, 21, 22, 23
MPP4	
Modelos matemáticos	Unidad 1 Lecciones 1, 2, 3, 5, 8, 9, 11, 12, 13, 14, 16, 17, 18 Unidad 2 Lecciones 10, 11, 12, 14, 16, 19, 20 Unidad 3 Lecciones 1, 4, 7, 21 Unidad 4 Lecciones 2, 4, 6, 8, 12, 14, 20, 21, 22 Unidad 5 Lecciones 3, 4, 5, 6, 7, 9, 10, 12, 13, 19, 21, 23

MPP5	
Utilización de recursos matemáticos	Unidad 1 Lecciones, 14, 18 Unidad 2 Lecciones 4, 9, 15, 19, 20 Unidad 3 Lecciones 5, 8, 9, 13, 20, 21 Unidad 4 Lecciones 5, 7, 9, 14, 20, 21, 22 Unidad 5 Lecciones 5, 6, 10, 19, 21, 23
MPP6	
Utilización de lenguaje matemático exacto	Unidad 1 Lecciones 1, 2, 3, 4, 5, 6, 7, 8, 9, 10, 11, 12, 13, 14, 15, 16, 17, 18 Unidad 2 Lecciones 1, 2, 3, 4, 5, 6, 7, 8, 9, 10, 11, 12, 13, 14, 15, 16, 17, 18, 19, 20 Unidad 3 Lecciones 1, 2, 3, 4, 5, 6, 8, 9, 10, 11, 12, 13, 14, 15, 16, 17, 18, 19, 20, 21 Unidad 4 Lecciones 1, 2, 3, 4, 5, 7, 8, 9, 10, 11, 12, 13, 14, 15, 16, 17, 18, 19, 20, 21, 22 Unidad 5 Lecciones 1, 2, 3, 4, 5, 6, 7, 8, 9, 10, 11, 12, 13, 14, 15, 16, 17, 18, 19, 20, 21, 22, 23
MPP7	
Ver la estructura	Unidad 1 Lecciones 1, 4, 5, 6, 7, 8, 9, 10, 13, 15, 16, 17, 18 Unidad 2 Lecciones 2, 3, 4, 5, 7, 8, 12, 13, 14, 15, 16, 17, 20 Unidad 3 Lecciones 2, 5, 6, 7, 8, 9, 10, 11, 15, 16, 17, 21 Unidad 4 Lecciones 1, 2, 4, 5, 6, 7, 8, 9, 11, 12, 13, 14, 15, 16, 20, 21, 22 Unidad 5 Lecciones 3, 6, 7, 8, 9, 11, 13, 14, 15, 17, 18, 20, 23
MPP8	
Generalización	Unidad 1 Lecciones 4, 7, 10, 11, 14, 15, 16, 17, 18 Unidad 2 Lecciones 14, 16, 19, 20 Unidad 3 Lecciones 4, 5, 6, 7, 8, 9, 10, 12, 13, 14, 15, 17, 18, 19, 20, 21 Unidad 4 Lecciones 5, 6, 7, 9, 13, 15, 22 Unidad 5 Lecciones 15, 16, 17, 18, 20, 23

A

B

C

D

Índice

Sé un ilustrador

Ilustrador: Josh Brill

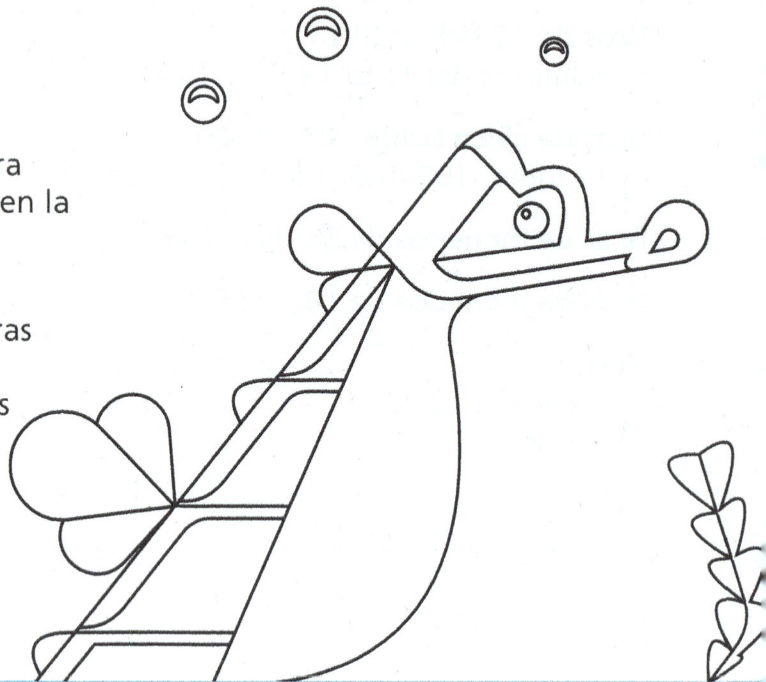

¿Alguna vez has intentado usar figuras para dibujar animales como el caballito de mar en la portada?

En los últimos 10 años, Josh ha usado figuras geométricas para diseñar sus animales. Su objetivo es hacer diseños que sean sencillos y usar color para que sean atractivos.

Añade color a este caballito de mar dibujado por Josh. Luego intenta dibujar un gato, un perro o algún otro animal con las figuras que ves abajo.

Caja de figuras

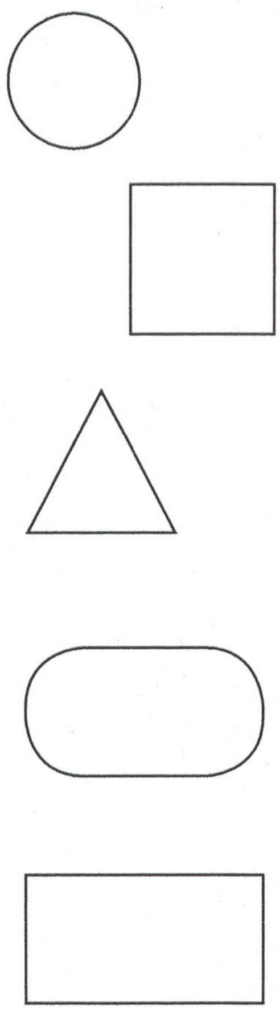